U0047521

年月
2017.10.23.

台海年月

情牽兩岸民眾往來紀事

年月 著

臺灣知名攝影家黃子明全書攝影

推薦序

她有顆安靜的心

2017/08/01

李泉佃 著名雜文家、廈門日報社社長

我曾對年月說，你的名字起得好，為你的文章加分不少。最近，她找上我，說是臺灣出版界翹楚時報出版社要將她這六、七年來，發表在《台海》雜誌卷首語的文章，結集出版，讓我幫想個書名，我便脫口而出，叫《台海年月》呀。她一聽，痛快地採納了。

年月，本來不在報社，她在一個縣級市宣傳部門工作，名副其實的公務員。她能到廈門日報社，得感謝福建省委宣傳部原常務副部長王仲莘的力薦。

記得2003年5月，我到福州參加省記協工作會議，遇到王老，

他交給我一本書，書名為《龍江人尋找龍江頌》，並問：「看過否？」我搖搖頭。他慢條斯理地說：「一個鄉下小姑娘寫的。很有才氣。」他看我聽得認真，就繼續說：「叫年月。龍海市委宣傳部的。不知你報社要人否？」我說：「書我帶回去看看吧。」

回到廈門，雜務纏身，我就把「年月」擱下了。國慶後不久，我收到福建省委宣傳部的信函，拆開一看，兩頁毛邊紙，豎條紅線框裡，筆走龍蛇，滿滿的小楷。

信是王老寫的，他向我再次推薦了年月，說她為人樸實、做事踏實、文字扎實，是難得的人才。

王仲莘算是我的老領導，他上世紀60年代初，曾任過福建日報社副總編輯。儘管，我到福建日報社工作，王仲莘已到福建省委宣傳部任職，但他對新聞事業孜孜以求的精神，一直鼓舞著我，教育著我。

王仲莘擅長評論，上世紀60年代，他曾以「朱丹紅」筆名，在福建日報開闢專欄，寫了大量針砭時弊的時評，人民日報也經常轉發他的文章。一時，「朱丹紅」幾乎與「三家村」齊名。後來，我喜歡寫點「豆腐塊」，很大一部分，也是受王仲莘的影響。

所以，王仲莘推薦了年月，我就不敢怠慢。

當然，一定的程序還是要的。我讓時任廈門日報社副總編輯顏智強，到龍海走一趟。顏智強回來後，跟我說，年月優點誠如王仲莘老部長所言，是做新聞的料；但人比較固執，她認為對的，九頭牛也拉不回。而這可能恰恰是她的優點，做新聞的，就要有股一往無前的衝勁。我和顏智強都這麼覺得。

年月不負眾望，到了報社，憑著她的一股韌勁，很快，就將自己在人物採寫上的優勢，發揮得淋漓盡致。她不僅採訪過江澤民、王毅、吳儀、連戰、吳伯雄、吳敦義等諸多兩岸政要，也採訪過金庸、星雲大師、王蒙、南方朔等文化名家。猶記2008年10月，海協會副會長張銘清因台南遇襲準備提前返回大陸，在目的地是北京還是廈門的消息不確切的情況下，年月在張銘清往台中機場出發的那一刻，竟不管不顧地提起電腦包，從報社跑向機場，搭上飛機，去了兩千里之外的北京，居然趕在張銘清回到家門口那一刻出現在他的面前，成為世界上第一個在張銘清回家時專訪他的記者，展示了年月對新聞的判斷力和一往無前的勇氣。張銘清很感動，留她在家中共進晚餐。年月採訪生涯的傳奇經歷還有不少，這些都為致力於新聞改革的廈門日報錦上添花。

而其實，在我看來，年月是個多面手。時政新聞、人物通訊、雜文隨筆等，她都拿得起，放得下。她的《台海年月》，如果從體裁上說，可以歸為隨筆一類；而如果從題材上說，則完全是兩岸民間交流故事。

寫台海，寫兩岸，寫民間，寫交往，恰恰是年月所長。

她在《命定》一文中，寫到她與台海的結緣，與兩岸的結緣，可以視作她熱愛這項工作的注腳。

她說，小時候，她的家住在臺灣海峽邊上，推開門，就是大海。海水時常送來漂流瓶，打開來，瓶子裡有肥皂，有餅乾，甚至有手表。但不管裝著什麼，一般都會有傳單。當小孩子把漂流瓶撿回家時，大人總是把傳單偷偷燒掉，把肥皂留作家用，把餅乾賞給孩子。

大人對傳單的諱莫若深，更激起了小孩子的好奇。小孩子總是趁著它們被燒掉之前，領略裡面的風光。一行行字，對還沒上學的小孩子，是天書；可傳單上的那座山和那個湖，卻印在了他們的腦海裡。

上了小學，方知道，送來漂流瓶的地方叫寶島臺灣；傳單上的山，叫阿里山，傳單上的湖，叫日月潭。

就這樣，阿里山，日月潭，成了少年年月魂牽夢繞的所在。

年月說，儘管兩岸隔絕多年，但她生長的環境，卻又是充滿濃烈的「台味」，她的內心，也一直對臺灣懷著深情與好奇。

所以，當2008年6月底，我通知她將作為福建唯一的紙媒記者，隨福建赴台遊首發團前往臺灣時，她欣喜萬分，並一再說，感恩報社，感恩時局，感恩命運的眷顧。

報社從年月發回的一篇篇深度報導，大家一致認為，她做對台報導，是不二人選。因此，她從臺灣回來後半個月，2008年8月1日，便被報社派到台海雜誌社任職。

在台海雜誌社近十年，年月和她的同事們，始終置身於對台報導最前沿，見證了兩岸諸多大事件的發生，也深切感受到兩岸之間血濃於水的親情，以及因歷史等原因導致的分歧。

於是，她覺得，寫台海，寫兩岸，寫什麼，不寫什麼，至關重要。

一般化的浮光掠影，人云亦云，不是年月的風格，也不是讀者所盼。

年月的一篇廈大教授陳孔立採訪記，有個細節引起我的注意。

陳孔立是臺灣問題研究專家中的泰斗級人物。86歲的他，曾指著自己的雙耳說：「都聾了，所以，我現在沒有資格研究臺灣問題了。」

可是，在年月看來，雙耳戴著助聽器的陳孔立，照樣每天上網關注兩岸新聞、關注來自臺灣的各種頁面，同時也照樣著書立說。他對臺灣問題的深度分析，並沒有因為耳朵失聰而變得膚淺。比如，僅就連戰出席抗戰勝利70周年閱兵式的兩岸新聞報導，陳孔立用於比對的新聞，就不下百條，並從中嗅出了兩岸新聞發展的「同」與「異」，認為大陸的媒體好「同」，寫「統」、「一」、「共」、「合」這類字眼多，而臺灣的媒體好「異」，講「分」、「各」、「特」、「獨」、「互不」的為主。而對「同」，臺灣媒體很害怕，同樣，大陸媒體也儘量回避「異」。

為什麼兩岸媒體會出現這種差異？歷史的隔閡，是一個眾所周知的原因；而陳孔立另闢蹊徑，則從文化的角度去一探究竟。

陳孔立所說的文化，不是我們通常說的文學、藝術、影視、戲劇、民俗、飲食、節日等，而是精神層面的，是價值觀、思維方式、行為方式、政治方式等。

比如，我們常說，兩岸文化一脈相承；但陳孔立卻說，兩岸文化有著本質的差異，因為大陸的主流文化是「中國特色的社會主義文化」，而臺灣的主流文化是「臺灣特色的中華文化」。

有著本質差異的兩種文化，如何尋找到交匯點呢？陳孔立說：「不同文化的交流是一個由『不同』，到某種意義上的『認同』的過程；這種『認同』，不是一方消滅一方，也不是一方『同化』另一方，而是在兩種不同文化中尋找交匯點，並在此基礎上推動雙方文化的發展，這正是『和』的作用。」

陳孔立從不諱言兩岸還有很長的路要走，而社會學家費孝通對「和」的理解十分契合他對兩岸的期許——「各美其美，美人之美，美美與共，天下大同」，你有好的，我很欣賞；我有好的，你也欣賞。大家的美聚集在一起，就可以走向「天下大同」了。

陳孔立的觀點，對年月影響甚深。《台海年月》一書，十有八九的篇目，都是圍繞著「各美其美，美人之美，美美與共，天下大同」這個主題鋪陳的。

在書中，我們可以讀到兩岸文化傳承、學校教育、公益事業、創意產業、婚姻家庭、職業素養、防災意識、食品安全、旅遊度假等等方面的迥異。

如果僅僅是泛泛而談，這樣的文字，令人不忍卒讀；但年月的高明之處，是通過一樁樁具體事例、一個個生動細節、一幅幅清新畫面，加以呈現的。

年月的文章，不僅情節真實感人，而且文化內涵厚重。這當然得力於她擅長描寫細節和旁徵博引。比如，她寫到尊師重教的問題，說臺灣的學生，走在路上，一般會恭立路旁，等老師走在前頭，才跟著往前走；吃飯時，老師不落座，學生就一直站著，老師不舉筷，學生便一口飯也不吃；同行中的一位上年紀的博士，一路都搶著替中年老師背包。面對大陸人的疑惑，博士說：「一日為師，終生為父。」

而老師呢？也不是端著師長的架子，就安然受用。在臺灣，學生和老師一起吃飯，一定是老師買單的，因為，老師認為，學生是小輩，理應照顧他們；外出時，一定是學生先睡了，老師才能去睡。

點滴之間，可見兩岸在師道傳承方面的差異。

還有，年月在文章中，對大陸導遊提出善意的批評，也通過在大陸兩家醫院——一家是本土的，一家是台資的——就醫遇到的情形，寫到醫德方面，大陸還需努力。

當然，年月也寫了大陸許多方面值得臺灣的借鑒。比如，大陸學子的用功、大陸城市的發展、大陸民生的改善等等。

讀完《台海年月》，不由得想起臺灣作家林清玄《一聲鳥或一堵牆》的一篇散文。文中有這麼一段話：「我們如果有顆安靜的心，即使是默默坐著，也可以感受到時間一步一步從心頭踩過。當時間在流動的時候，使人感覺到自然中美麗的景觀固然能撼動我們的心，但人文裡時常被忽略的東西，也一樣能震盪我們。例如一口在荒煙中被棄置的古井，例如海岸邊已經剝蝕的廢船，例如一個在村落邊緣撿到的神像，例如斷落了的一堵牆。」

年月，就是有這樣一顆安靜的心，讓她能感悟別人感悟不了的事情，無論是敘事、懷人、狀物，還是思鄉、憶舊、采風，一路走來，舉凡能夠撩動心弦的題材，她都能認真採訪、提煉，寫出所見所聞、所感所悟；尤其讓她能用平實的語言，暢談家事、國事、天下事，暢敘親情、友情、中華情，並在雙方的心靈中，搭建橋樑，引起共鳴。

寫到這裡，我驀然發現，今天正好是年月主編《台海》雜誌九周年。曹雪芹自題《紅樓夢》云：「字字看來皆是血，十年辛苦不尋常」。在年月的作品中，處處表現出作者心系兩岸的情懷；同時，也透過作品，反映出兩岸同胞的心聲和對未來的期盼。

可以相信，兩岸未來會更美好；同樣可以相信，年月今後的心血之作，會更精彩！

是為序。

推薦序

探索兩岸關係的經典

2017/09/27

邱榮舉　臺灣大學法學院原副院長/「臺灣客家運動」領導人

我與年月的相識，緣起於2007年秋天在福建省廈門市舉辦的「第二屆兩岸客家高峰論壇」。年月當時是《廈門日報》的記者，她採訪了我。那次，年月的專業與敬業，給我留下了極為深刻的印象，從此難忘。

第二年，年月就調到《台海》雜誌社工作了。《台海》是一份《廈門日報》集團的極重要代表性刊物，它的重要性、代表性、功能及特點，與過去臺灣的《中國時報》報系之《時報週刊》，或《聯合報》報系之《聯合月刊》的重要性、代表性、功能及特點，有類似之處，但是它最大的不同點，就是主要針對海峽兩岸，進行深度探索與全面報導，以兩岸關係為主軸，報導兩岸的方方面面，條條塊塊，點點滴滴，呈現精緻、深入、時事、生活。其報導內容似乎較能兼顧高度、廣度及深度，又能結合學術界和實務界，圖文並茂，且有兩岸的許多攝影師共同投入，常呈現出優質的照片，使它被認為是一份優質的兩岸雜誌。通過它，兩岸讀者能精簡扼要地瞭解現今海峽兩岸的過去及現況，甚至談未來的發展願景。

年月是一位傑出的媒體人、作家、才女，也是專門報導與探索有關兩岸交流與現況的高手、功臣、A咖。這本《台海年月》，是年月每期寫在《台海》卷首語的合集，是記錄與探索海峽兩岸關係的經典，是年月努力打拚，日以繼夜，夜以繼日，一步一腳印，用青春歲月和生命力換來的階段性成果與紀錄，確實是一本好書，極值得關心海峽兩岸和平發展的朋友好好欣賞閱讀。我剛剛讀了幾篇，內心最柔軟的地方就被觸碰到了……

我的家族，世居臺灣桃園客家莊，將近三百年。早期我的祖先，來自廣東和福建，因而我對海峽對岸的廣東和福建，感到特別好奇、親切、有趣……，關係較密切。

1987年2月，我甫獲得臺灣大學政治學博士學位，即極幸運地受聘留在臺灣大學任教。我是戰後臺灣政治受難者的後代，無黨無派，因而我在教學與研究之餘，較有時間去思考與參與推動「臺灣政治改造運動」和「臺灣客家運動」。

1987年5、6月間，我最早發動與結合了一群臺灣客家青年，共同創辦了《客家風雲雜誌》，開始推動「臺灣客家運動」，進而從事「客家研究」，朝向「客家學」發展。後來我們結合了臺灣各界，1988年12月28日，舉辦「還我母語運動」，強調共同重視與搶救臺灣各族群的母語之重要性，激起了臺灣各界對客家文化和母語的重視。

1989年，我首次與許多臺灣客家鄉親，受當時擔任廣東省長葉選平（葉劍英之子）的邀請，首度前往廣東梅州參訪，參加世界客屬的聯誼會議，這是我代表我在臺灣的列祖列宗第一次搭乘飛機到客家大本營參訪。我後來陸續去了大陸很多地方，進行兩岸學術文化交流，但一直沒有機會到福建廈門參訪，直到有了「小三通」後，我才有機緣採用此種極為有趣好玩的特殊旅遊路線，前往福建和廣東參訪，這種經驗與體驗相當難能可貴，令人永難忘懷。

2007年9月28日，在福建廈門舉辦「第二屆兩岸客家高峰論壇」的場合，我因代表臺灣方面主講臺灣客家的回顧與展望，後來接受《廈門日報》記者年月的採訪，而與她初次相識。我們這一群來自臺灣大學客家研究團隊的夥伴，又正巧與她同桌用餐，大家相互聊天，談天說地，有說有笑，氣氛十分融洽溫馨。她主動提問了不少問題，有問必答，對答如流，且快人快語，博學多聞，頗有見地，應是一位特優的媒體人，給我們的第一印象是很有智慧、很聰明、有氣質、有內涵、精明能幹、美麗、真誠、親切、友善…，似有幾分仁俠的特殊風格，因而大家相談甚歡，彼此留下了深刻的美好印象！

2008年11月，我們組織了一個「臺灣大學客家學術文化參訪團」，前往閩粵邊境考察。這一趟，我們走的就是「小三通」路線， 也是我首度走這條航線。我們從臺北搭飛機到金門，住了一晚，然後搭船到達有「海上花園」之稱的廈門，再由廈門前往龍岩、梅州、大埔、南靖等地。我們一方面想要實地踏訪江西、福建、廣東交界的客家大本營，希望能多瞭解中國共產黨和客家的歷史文化，另一方面也想要欣賞聞名世界的粵東圍龍屋、福建土樓，體驗與瞭解客家建築之美，我們很需要中國大陸在地的青年朋友來幫忙，特別是需要知識青年、媒體人、懂得福建廣東文史之美的朋友，我便想到了一年前初識的年月。這樣，她及其好友、詩人子梵梅，便應邀加入了我們的考察團。

我們的這個團隊應是臺灣方面有關「中國共產黨與客家」最強的研究團隊，此趟考察收穫極為豐富，讓我們多瞭解福建與廣東的歷史文化與現況，同時也強化了我們的專業研究功力，這些將有助於海峽兩岸的和平發展。該次的閩粵邊境考察，讓我們對於中國共產黨的發展史，特別是早期中國共產黨在福建客家莊古田的發展史，有一個概括的瞭解，進而知道中國共產黨為什麼能夠獲得民心，在客家大本營能夠建立蘇維埃政權，進而能夠打敗中國國民黨的道理，這些歷史事實是我們在臺灣或海外，難以有機會聽到、看到及理解的。

而考察如此順利，與年月一路為我們化解諸多難題是分不開的。此行，讓我們見識了她不僅極具文采，而且處事聰明幹練。她拔刀相助、快刀斬亂麻的仁俠風格，數年後，我們幾位教授還時常憶起。

也正是因為《台海》擁有這麼一位思想力與行動力俱佳的主編，我們臺灣的研究團隊，才開始對《台海》備加關注。這幾年來，年月在《台海》雜誌社工作，扮演極重要的角色，擔任社長/主編，實屬難得，其表現可圈可點，對於《台海》雜誌社的工作，努力認真，盡心盡力，績效卓著；每期所寫的〈卷首語〉，主題明確，類別多樣，主軸清楚，大處著眼，小處著手，觀察入微，筆帶感情，如行雲流水，引經據典，言簡意賅，精彩絕妙，擲地有聲，令人佩服、感動、激賞。我們這些在臺灣的朋友，也為她高興，且引以為榮。

《台海年月》思想深邃、情感深沉，但千萬別以為它是一本沉重艱澀的書，相反的，它內容豐富，多采多姿，親切風趣，很有意思，讀起來輕鬆愉快，感覺良好，讓人勾起了許多酸甜苦辣的甜美回憶，也有發人深省之處。例如：

1.福建的學騎腳踏車與被偷：〈騎緣〉的腳踏車的學騎與被偷，我在臺灣大學也先後被偷了7-8部腳踏車，這篇文章與電影《單車失竊記》一樣，頗能描述我的心情。

2.臺灣九份的陶藝家與茶坊：〈九份〉巧遇陶藝家，順道採訪與生動報導該兩兄弟的奮鬥史，及其經營之獨特茶坊。她的採訪具有快、好、準等特色，令人佩服、驚訝。

3.臺灣的「師道」傳承與現況：〈師道〉對於臺灣的「師道」，包括師生關係，教師的角色（傳道、授業、解惑），學生的角色（尊師重道、師恩永懷），師生的互動，基本的禮儀，她觀察入微，抓住精髓，簡要歸納，描述完整，真是高竿，頗發人深省。

還有許多引人入勝的篇幅不再一一列舉，簡而言之，書中每篇文章都不長，但它們呈現出了高度、廣度及深度，並時有結合學術與實務，作深入探索，且有創見，實屬難得。

讀完《台海年月》，我不禁讚歎、激賞，這本新書是探索兩岸關係的經典，是一本絕妙的好書，它標誌著海峽兩岸的交流與發展，已有相當豐碩的成果，它也記錄著臺灣海峽兩岸人民的奮鬥史、成功的秘訣，以及兩岸人民的生活現況。它絕對值得一讀再讀，讀者更可按圖索驥，循線在海峽兩岸，逐步推進浪漫深度之旅，暢遊各地美麗景點，享受各種美食佳餚，喝好酒，飲好茶，睡好覺，平安喜樂，瞭解各種各類的精緻農業工作者之成功秘訣，探索海峽兩岸和平發展的好方略與作法。

讀《台海年月》，時不時會萌發到書中所寫之地去走一走的衝動。比如，我讀了書中的《小嶝》後，就很想跨海去看看島上的邱葵故居，當然，如果能有年月相伴前往，就再好不過了。

推薦序

年月過臺灣

2017/08/04

林國彰　臺灣首位獲荷賽日常生活類金眼獎的攝影家

年月寫的是過渡。

年月的婆家在福建漳州龍海市海澄鎮珠浦村，是歷史有名的月港，就在九龍江下游出海口，也是唐山過臺灣的出發點。她說，珠浦村是小刀會起義的地方，起義人士，部分被清廷殺戮，部分逃到臺灣，他們都從月港出發。下月港，去臺灣，彷彿是遁逃者的選擇。

2016年，年月探訪台南，她發現，鹽水也叫月港，跟她家鄉一樣，有八卦樓，有關帝廟，存在早年月港人開發臺灣的符號。

家鄉景物異鄉也有。這不是巧合。這是地景文物印證。她以聽覺，聽月港，她聽著台南月港的淙淙流水聲，深深思念家鄉月港，看到它的帆影。在鹽水，近鄉情怯，年月聽見家鄉在呼喚。

臺灣創客嚴孝頤說，臺灣海峽就像一面鏡子，對岸一定生活著一個和你一樣的人。龍海海澄月港，過渡到臺灣，成了台南鹽水月港。好比把家鄉的一磚一瓦，移植到異鄉，以示不忘本。因此，臺灣有了和福建一樣的月港，生活著和你一樣的人。人在天涯，你我似曾相識。

人，不只渡台，也渡大陸。

渡，渡到彼岸，追尋一個安身立命的天地。

渡人、渡自己，渡天地。

台海是。兩岸是。

台海即臺灣海峽，位於福建與臺灣之間的狹長海域。明清以降，400多年來，唐山過臺灣，過的就是台海這一風波險惡的黑水溝；驚濤駭浪多，吉凶禍福少，波瀾壯闊遠，回者百無一。

能生存，過得去，靠的是渡。

2008年7月4日，年月以隨行記者身分，搭乘大陸居民赴台旅遊福建首發團，飛台北，當飛機飛越臺灣海峽時，從機窗外看見了阿里山，人人驚嘆寶島之美，紛紛搶拍照。年月記下，廈門到台北83分鐘。

2015年，《台海》雜誌採訪團來到台東池上，訪問種稻達人，如何種出特等米的奧秘，答案竟是：要像孝順父母一樣孝敬土地，要像照顧孩子一樣照料稻米。至於池上稻田，為什麼看不到一根電線桿，一個路燈，因為怕燈光影響了稻子睡覺。這就是臺灣農人對待農業的態度。原來精緻農業要行孝道，孝順父母，照顧孩子。

2014年，在臺山列島，張詠捷走進鄭愛兵家，鄭愛兵清晨打漁回來正在補眠，他一骨碌爬起，弓身坐在床沿，張詠捷就拍了這樣的照片，之後，聊天問好，各做各的。他穿衣、做飯和摳指甲，準備再出海捕魚。她則在旁抓拍，偶而講幾句閩南話。張詠捷以這樣的形式完成多個人物紀實。這是《台海》雜誌主辦的台海新聞攝影大賽，動員兩岸數十位新聞攝影師，拍攝福建十大美麗海島的一幕。張詠捷祖輩是從福建移民澎湖。她說，漁村飯菜，讓她想起家鄉澎湖，有媽媽的味道。澎湖的根就在福建。

年月寫1949，渡海傳燈人的故事。1949年大遷徙，為臺灣帶來大批政經人才，北大才子、清華學人、西湖畫家、蜀中作家，他們輾轉臺灣各地，為文化貧瘠的臺灣，播下希望的種子。如楊渡拜師齊治平，如杜忠誥受教呂佛庭，兩人都因此成就一家之言，一為作家，一為書法家。渡海傳燈人帶來漢文化，學者說：納中華文化入臺灣。借句話來用：中華過臺灣。過是文明遷移，也是文化傳承。

台農二代楊仁豪，是廈門集美工商局認證的第一家臺灣農民個體戶。楊仁豪，七年前，到集美跟父母學種山蘇花，現山蘇花已是廈門家常菜，他以擁有臺灣農民證為傲。林怡萱，研究所念休閒管理，來同安幫父母管理養豬場，她養豬、為豬接種、跑市場，一年工作365天，沒休息。她說：養豬真好玩。台農二代登陸耕農，養豬種菜，術有專攻，吃苦耐勞，又重視孝道，懂行銷，在廈門闖出一片天地。臺灣的年輕人闖大陸，這不也是過渡嗎？

摘錄上述幾則紀事，選自年月發表在廈門《台海》雜誌的卷頭語，如今結集出書，書名《台海年月》。副題是情牽海峽人民往來紀事。八年來，她觀察兩岸，現場報導，寫社會、經濟、思想，談薌劇、歌仔戲、陸生陸配，說美食、閩南話、臺灣農民。篇篇文辭懇切，熱情盼盼，間或不時，為文推展臺海新聞攝影大賽活動。

以廈門日報、台海雜誌為主體，〈聚焦兩岸，見證交集〉為標竿，從2009年秋天起，年年串聯兩岸新聞攝影師來鷺島，拍攝島內外48小時的閩南風土，鼓浪嶼、海滄、同安、翔安、思明、大小嶝，與廈門、金門，兩門互拍，都是近年活動主題。2014年，並策劃遠征，出海航渡，以光影紀實了福建十大最美麗的海島，成果不可不謂豐收。

《台海》靜如處子，《台賽》動如脫兔，一靜一動，一文一武，舖天開地策展，街路人氣因而熱絡，島嶼也都生氣勃發。兩岸新聞攝影先進，更是鼎力推動《台賽》，蔣鐸、黃子明、林世澤、林錫銘和鄭石明等老師，因相互切磋，把守紀實攝影關卡，年年甄選出金浪大獎，鼓動了全民參與風潮。

「極一生無可如何之遇，缺憾還諸天地。」這是晚清臺灣海防欽差大臣沈葆楨，為建祠追諡鄭成功，親手書的下聯句。閩台道上，遇見不可思議之遇，人生真也無憾。我們一路跟隨年月過臺灣，一口閩南腔，一路撫平結歸丸的心肝。

前言

一個讓我平靜的人——寫給黃子明老師

2017/08/06

年月

無論人前還是人後，我都稱呼黃子明先生「黃老師」，這絕不是客套，也不只是因為他大我十來歲，而是因為我心中對他懷有滿滿的敬意，這敬意，每每隨著「黃老師」三個字，呼之即出。

我與黃老師相識于2009年8月18日。那天傍晚，我站在廈門「小三通」碼頭，第一次迎接了從台北轉道金門而來的黃老師。他身材精幹、皮膚銅色、頭髮寸短、笑容溫和。彼時，他已是兩岸新聞攝影界赫赫有名的大家，但平易近人得如鄰家大哥，上車時，我們請他坐嘉賓座，他卻逕直往最後排坐。讓那趟接船時最重要的嘉賓坐最後排，我們過意不去，他卻說：「沒事啦，坐哪裡都一樣。」

此後八年，我們每年都會在廈門或台北見兩次面。年年相見，他的身材不曾變胖，皮膚不曾變白，髮型不曾改變，而笑容，卻叫人感到加倍的溫暖。而同樣，出門坐車時，他次次把方便的位子讓給別人。他總是為人著想。有次負責接送他的司機忘了他從廈門返回台北的時間，差點耽誤了他搭飛機。所幸緊趕慢趕給趕上了，登機前，他還不忘給我發條短信，叫我無論如何不要批評司機。

是台賽給了我們相識的機緣。台海新聞攝影大賽，簡稱台賽，由廈門日報社主辦、台海雜誌社承辦。黃老師是台賽的評委，也是這一賽事在臺灣的發起人。2009年8月18日那天，黃老師踏波而來，就是作為臺灣新聞攝影界的代表，來與我們共同啟動首屆台賽的。作為兩岸新聞攝影交流史上的首創，台賽至今舉辦六屆，影響力與日俱增，黃老師是重要推手。

我對黃老師的敬意，有一部分是在評選現場累積的。一天評選下來，幾輪評委交鋒是必不可少的。黃老師不僅實踐經驗豐富，而且有著深厚的理論修養，他對作品的主張一向十分篤定，當評委間出現觀點分歧甚至激烈碰撞時，黃老師是很堅持的，但他表達己見時卻從不措詞激烈、鋒芒畢露，而是言語溫和、善意款款，即使「火藥味十足、硝煙迷漫時」，他也不曾怒火相向。而爭到最後，往往是他把大家都說服了。目睹整個過程，我十分佩服黃老師的「立場堅定、態度溫和」。

這些年來，我們共事不斷，真不曾見過黃老師急性子，他總是那麼溫和，那麼淡定，反而有幾次，他見我為事焦慮時，還抱抱我的肩頭，安慰道：「沒事啦！年月。」這一輕輕擁抱，「鄰家大哥」便把他的力量傳遞給了我，我漸漸在焦躁中平靜下來，又有了處事的主意，肩頭彷彿也找回了擔當。

我喜歡和黃老師一起深入鄉村和海島采風，我對他的敬意也隨著每一次的出發而加深。去偏遠鄉村、孤懸海島，因貼近大地，總是令人怦然心動。但必須克服的是住宿問題。我們要嘛住在村民的家中，要嘛住在鄉村小學的教室，蚊蟲叮咬是不分冬夏寒暑的，停電停水也不是沒有的，有時還要一間房住兩三個人。但黃老師從不抱怨，且習為以常，吃睡照舊，拍攝不誤。

我和黃老師都覺得，對比采風，食宿從來都是微不足道的，怎麼拍到好作品，怎麼寫出好文章，才是根本大事。我說過，他是個很溫和的人，這點特質為他的拍攝行進，迅速打開方便之門。他的拍攝過程是很平靜的，拍攝前，他很樂意花時間與拍攝對象談天，哪怕離飛機起飛、離輪船啟航的時間已不多了，他也不焦躁，談到大家很投入了，他才舉起相機……這也就是我為什麼喜歡與他一起采風的原因。採訪時，我們總是物我兩忘，邊採訪邊把稿子寫在了心裡。

我和黃老師都是中年得子，他的女兒大我的兒子也是十來歲。因此，每回見面時，除了談台賽、談辦報，接下來談得最多的是兒女。他對女兒的愛，讓我對他的敬意變得更濃。

黃老師的女兒患有亞斯伯格綜合症，但對女兒在日常生活中表現出的異於常人的舉止，如高興時尖叫，上課時坐立不安，交往時偶有暴力等，他都坦然接受。我喜歡聽他描述女兒種種，因為，這時，他的神情是愉悅的、豁達的、充滿疼愛的，絲毫沒有同樣遭遇的父母們的那種自怨自艾甚至羞於提起。因為女兒的交往障礙，黃老師便花盡可能多的時間去陪伴她。黃老師作為中國時報攝影中心主任，責任重大，工作繁忙。他常年值夜班，每周除兩天休息日外，其他時候都要從下午兩點上班到第二天凌晨一點三十分，回到家也得三點才能上床入睡。即便如此，他都要在早晨起床，抱抱孩子，和孩子說說話，有時，還要為孩子準備早餐、送孩子上學，之後，又補睡了兩三個小時。常年值夜班已夠辛苦了，他還得把白天的睡眠切成兩段，目的只有一個，陪伴孩子！他說，如果不這麼做，他就連跟孩子見一面都難。

我的好友、著名詩人安琪曾這樣斷言：「據我的觀察，藝術家是一個比較分裂的群體，他們對藝術的愛遠遠大於對親人的愛。藝術家對別人容易動感情、對親人反而鐵石心腸的例子並不少見。」而今，我舉黃老師的父愛輕易地粉碎了她的觀察。正是心中充滿對親人無私的愛，黃老師的作品才處處充滿人文關懷和對人性的深刻洞察，比如，他曾獲華賽金獎的《臺灣慰安婦（組照）》；反過來，當在新聞攝影藝術的道路愈走愈遠時，他便更深切地體會到親人的愛對於人生是不可替代的。

「孩子是上帝送給我們的美好禮物，無論他們在外人眼裡有多少缺點，我們都要好好珍惜他們。」是我們的共識。黃老師以他好父親的形象讓我肅然起敬，讓我學習到許多為人父母之道，無論是攝影家，還是作家，我們首先是為人父母，先當好這個小家，才有資格嚮往大家。

1987年，兩岸開放台胞返大陸探親，還是年輕小夥子的黃老師，有幸記錄了那感人時刻；1990年，黃老師第一次到大陸，採訪了北京、廈門、深圳等多個大陸城市。此後27年來，黃老師頻繁往返兩岸，用鏡頭記錄下了兩岸民眾交流的重要時刻和點滴情感。所以，當書寫七年的拙作《台海年月》籌備出版時，我馬上想到了請黃老師合作，一起圖文並茂地展示這些年來兩岸民眾情牽兩岸的畫卷。黃老師滿口答應，很快就把全書用圖都配齊了。但他不贊成我合署作者的提議，「這是你理應專享的榮譽」、「它是你的身分證」，他對我說。

於是，我請為本書作推薦序、被黃老師視若兄長的林國彰老師要多推薦黃老師的攝影作品，可是，我收到的卻是一篇對我加倍鼓勵、獨我專享的序，事實上，林老師與黃老師相識數十年，在新聞攝影的道路上，結下了深厚友誼，林老師對黃老師的瞭解遠甚於對我的，可面對我的疑問，林老師卻說：「子明是來詮釋你的書。」兩位師長的厚愛，真是讓我受之有愧、承受不起！

所以，我才決定要寫寫我所認識的黃老師。遺憾的是，我只能寫下上述這些生活片段，對於黃老師在新聞攝影方面的造詣，我卻沒有能力評說。不過，相信讀者的慧眼能從書裡的數十攝影作品中，看到黃老師的大家風範。

台海年月

第一章 溯

第二章 思潮

第三章　此岸・彼岸

第四章　激浪

第五章　**灣行**

第六章　**靜水・深流**

第一章 溯

月港是我的家，

我是月港的兒媳婦。

早在之前，

不知有多少個夜晚，

我躺在珠浦村的木板床上，

聽蟲叫，

聽蛙鳴，

聽小刀會的故事。

珠浦村是小刀會起義的地方，

起義者中，

部分被清廷殘忍殺戮，

部分逃到臺灣，

而當年，

他們就是通過月港航線越過黑水登陸寶島的。

下海

2011/11

我老家漳州港尾與廈門只有一水之隔，但從小我們就以仰望的姿態看廈門。

因為廈門是特區。

這個在改革開放大潮中起起伏伏的海上花園，勾起了多少人下海的欲望。我們對「下海」這個詞的最初認識是與廈門特區緊密相連的。

上世紀八、九十年代，我們那兒和大陸許多地方一樣興起了下海潮，誰要是有勇氣砸了鐵飯碗跳到未知的大海中，誰就受到家鄉大部分人的讚賞。而這些人選擇弄潮的潮頭往往就是廈門。

1984年，廈門特區建設3周年時，我和爸爸、姐姐一起到廈門買自行車——家鄉人一旦要添置高檔的物品，必定選擇跨海到廈門特區來買。那天在廈門買好了飛鴿牌女式自行車，父親帶我們姐妹到中山路遊玩。這次廈門之行，中山路留給我最深的記憶不是它的騎樓或者店鋪，而是它的斑馬線。這條斑馬線就在中山路鷺島影樓門口，也就是現在金鷺首飾店所在，看到各種車輛來來往往，我怎麼也不敢走過去，在這之前我連斑馬線都沒有見過，不相信父親說的我們只要走上斑馬線，車就會讓我們過去，大我兩歲的姐姐還來來回回走了好幾次，以證明在斑馬線上車不會撞人，可我還是哭著不敢走。回到家裡後，我一直為不敢過斑馬線憂心忡忡，擔心長大後到廈門特區工作，要過斑馬線怎麼辦，從小到廈門特區打拚就是我的夢想。我在漳州工作生活時，一有不如意，我就鼓勵自己，到了廈門特區以後，這些煩心事就沒了。

打破鐵飯碗到特區來，這個過程我花了不少時間去醞釀和準備。而那大我兩歲從小就敢走斑馬線的姐姐到特區卻是轉念之間的，簡直可以說噗通一聲就下海了。1995年的一個夜晚，姐姐站在閩南大廈頂樓旋轉餐廳，俯望燈火輝煌的特區，而對岸我的家鄉一片漆黑，那一刻，她突下決心——舉家遷到廈門來，從零開

始。

比起許多城市，廈門特區最特別之處就在於，它讓許多異鄉人不由自主地把它當作了故鄉。但有一點它還是無法超脫，那就是官氣。有人就曾好心地提醒我，到一些權力機關辦事見人就要叫處長，不管他是不是。我於2004年1月正式到廈門工作。這一時期，打破鐵飯碗下海的舉止不像早年那樣被人稱羨，當知道我原來是在市直機關工作時，大部分人問我是不是太衝動了。年輕人求穩的心態愈來愈重，趨之若鶩的是考公務員而不是下海。我也曾勸慰自己，世界各地官氣十足的地方多著呢，廈門又如何倖免？但我內心還是指望廈門能少些，不然怎麼叫特區？

一個地區或一個人，其官氣與銳氣是成反比的，官氣越重，銳氣就越少。

時值廈門特區建設30周年，《台海》雜誌多次推出精英人物專訪，他們中間有來自國企的，也有來自台企的，更有來自民企的，不少是上個世紀八、九十年代就主動下海，放棄現在令不少人羨慕穩定而體面的職位，成為改革開放的推動者與參與者。

賈伯斯傳的作者以艾薩克森曾說過這麼一句話，其大意是：我們如果要關注一段歷史，首先必須關注創造歷史的關鍵人物，但願特區精英人物，其言談，其抱負，其銳氣，為我們日益求穩求官的社會提供另一個向度的思考。

的確，人民群眾是歷史的創造者，但精英人物在某個關鍵時期所起的關鍵作用卻是普通大眾無法替代的，正如正在搏擊浪頭的輪船，其水手與舵手，所發揮的作用是有差別的一樣。

台海年月

年兜

2013/02

廿九暝，規家坐圓圓，放炮圍爐來過年。

桌頂酒菜滿滿是，有雞有鴨甲有魚。

擱有一盤大血蚶，一碗金針甲木耳，

圍爐　通講歹話，年兜　通拍破物……

臨近春節，我回龍海老家，再次聽到這首久違了的閩南童謠，不禁回想起小時候圍爐的情景。

兒時，除夕的前一天，爸爸媽媽開始捲五香，我們陶醉在迷人的蔥香裡；除夕的傍晚，哥哥姐姐升爐子，我們乘機把凍僵的小手伸過去取暖；圍爐時，吃了五香條又吃海蠣煎，我們喜滋滋地等著爸媽包紅包；碗裡一定要有剩飯，喻示年年有餘，貝殼類的要撒在門後，祈望豐收發財；夜深了，兄弟姐妹圍著那盞昏黃的煤油燈，連連打呵欠，但誰也不上床，因為越晚睡爸媽就越長壽；實在熬不住了，就把紅包放在枕頭下，甜甜地睡著，又長一歲了……

初一早，初二早，初三初四睏到飽，初五五隔光，初六打囝的尻川，初七摸，初八摸，初九敬天公……初一一大早，我們穿上新衣新鞋，唱著童謠，蹦蹦跳跳找鄰居的夥伴玩。

猜謎語是我們經常玩的遊戲。

紅蚊罩，白遮風，內面一個烏頭司公。你猜你猜，是什麼水果？

烏葉！（也就是荔枝。）

二姐妹，平高平大，一人在內，一人在外。你猜你猜，是什麼東西？

鏡子！

一個囝仔穿紅衫，爬上半天乒乓彈，跌落來，一身爛爛爛。你猜你猜，是什麼用品？

炮仔！（也就是鞭炮。）

初一至初五，我們囝仔好像生活在天堂，有好吃的，有好玩的，最重要的，大人都不能罵我們，更不能打我們。這是我們閩南的春節習俗。當然，我們也要處處小心，不能打破東西，因為這很不吉利，萬一把碗啊杯啊打破了，就要趕緊念著「瓷落地，錢銀陣陣來」。

而大人呢？春節那幾天也特別友善，平時有過口角的鄰居也會互相打招呼：「來坐！啉茶！」

初九天公生，把我們的情緒又調得更高。初八晚上，得早早上床睡覺，因為初九的凌晨，得早早起來，拜天公。接下來的早餐，一定能吃到黑糖麵線，又甜又長的日子又開始了。

農曆十五，是正月裡最後一次快活，叫上元暝。我們去看燈會，那些新婚的阿姨們會從一排燈下鑽過去，「鑽燈，生卵脬」，指望生兒子。

可是，數年後的今天，這些習俗還在嗎？爐子不再升火，說火鍋可以代替它；拜天公也不再是初九的早晨，而是初八的半夜，說這樣可以起得不那麼辛苦。

我的婆家龍海海澄，就是史上有名的月港，也是唐山過臺灣的出發點。「唐山過臺灣，心肝結歸丸。」那時，移民臺灣的閩南人，無論多麼艱辛，都樂觀向上，因為從家鄉帶去的閩南話、閩南習俗，溫暖、撫平他們結歸丸的心肝。幾百年過後，當到臺灣見到同胞時，我發現他們那裡依然保存著我兒時的記憶。

可我身邊的閩南囝仔呢？我的一個六歲小親戚，會說一口流利的英語，可她連閩南話都不會聽，更不要說講，有誰想到，她的爸媽、阿公阿嬤，全都是閩南人，平時講的也都是閩南話，可偏偏一跟她說話就用普通話。這個小親戚不是個例，我的同事，我的朋友，他們是閩南人，但他們的孩子很多也不會講閩南話。當然，這些孩子也就被剝奪了探索另一個語言世界的鑰匙，並少了享受閩南習俗盛宴的快樂。

把鑰匙還給囝仔吧，這把金鑰匙原本是他們出生就含著來的。

魚鳥

2014/10

魚鳥，是福鼎市大崳山島上一個村莊的名字。福建海岸線直線距離只有500多公里，但因十分曲折，折來彎去，竟然繞出了3752公里，使福建成為大陸海岸線最長的省份。在這漫漫海岸線上，點綴著許許多多的漁村，因為地勢險峻，那些漁村，從海面上望過去，如掛在懸崖邊。魚鳥村就是這樣一個村子。

為什麼會有這麼一個令人難忘的名字呢？村裡的陳阿伯指著家門口的海對我說：「以前，海裡有很多魚，海面有很多鳥……」

陳阿伯原先是位漁民，和村裡許多漁民一樣，一天出海三四次，也就是討小海。現在，他不出海了，在海邊的一處矮屋開了間雜貨店，因為漁村住戶不多，來買東西的人自然就少，但陳阿伯看起來並不為生意冷清而操心，他常常坐在矮屋前的一張竹靠背椅上，面朝大海，抽著水菸。水菸通常抽兩口就得加一次菸葉，旁人看在眼裡覺得麻煩，可人家陳阿伯不煩，反而很享受放一次菸抽兩口再放一次菸再抽兩口的過程，特別是當把菸霧吐出一圈圈時，他十分怡然自得。

魚鳥村處處可見像陳阿伯這般樂天知命的面孔。他們是討海歸來的漁夫，也是飛梭織網的漁女，還是抽著水菸的老人，以及爬樹摘石榴的孩童。

陳阿伯的兒女都到城裡打工了，與他們老倆口相伴的是10歲的孫子，但隨著暑假的結束，孫子也要返城讀書去了。魚鳥村有小學，但條件好的家庭都把孩子遷到縣城讀，當父母的覺得城裡的師資條件更好。因為轉學走的孩子愈來愈多，村小學的規模便愈來愈小，老師更不愛來了，師資條件也就跟著愈來愈落後。這種生源愈來愈少的境況，我在澎湖列島也見過。那是在虎井嶼，整個小學只剩一個學生，但校長、老師照樣配備，期末考試結束後，校長還為這位小學生舉行了表彰活動，孩子的獎品多得拿不動，便請來爸媽幫忙。

魚鳥村的戶籍人口近千人，但實際居住人口遠遠低於這個數，壯勞力多半出外打工，留下來的大多以討小海為生。但這並不表示，以老人、婦孺為主的魚鳥村就冷冷清清。煙火味，是我們走在這個村莊聞到的第二股味道，其濃烈程度僅次於魚腥味。家家戶戶喜歡把矮矮的餐桌擺到屋前，甚至兩三戶人家共用或輪用一張餐桌。左鄰右舍邊吃飯邊咯嗑，各家菜色幾乎一模一樣，以魚蝦為主，蔬菜少見，便把閒話拿來當菜配，有外人經過時，村人也不感到突兀，還像見到自家人回來似的，招呼道「同齊呷同齊呷」。這聲招呼，在閩南人和臺灣人聽來，特別親切，因為魚鳥人講的就是閩南話。

當城裡人正要下班時，魚鳥人已經吃完晚餐了，他們晚飯的開飯時間是下午五點。

這麼早吃，晚上肚子不餓嗎？我們納悶。

餓了，再煮啊！村人笑呵呵地答。

晚餐吃得這麼早，晚上剩下的大把時間怎麼打發呀？我們還是不開竅。

談天、看電視、睡覺啊！村人還是笑呵呵地答。

暮色四合，大榕樹下聚集了男女老少，他們坐在由漂流木綁

成了的懸空廊道上，納涼、談天……我們也回鎮上的旅社。

因為太想看到陳阿伯所描述的「海裡有很多魚，海面有很多鳥」的畫面，第二天清晨四點多，我們又從鎮上來到魚鳥村。借著漁火，我們看到一戶人家正要出海，「如果不是待會兒就要趕動車，我們就跟著出海看看……」我們中有人不無遺憾地說，沒想到漁民竟說：「想出海嗎？行！我們先拖一把網就好，等把你們送回後，再返回拖三把四把。」按正常規律，漁民一出海就要拖四把網再回家。

魚鳥人的純樸與熱情讓我們又一次心生感動。但出海後，我們還是沒看到那張魚鳥圖。難道，飛魚成群、海鷗盤旋的畫面，在這裡，只留在過去。我記得在澎湖列島也見過。

海上日出後，我們回到了岸上，在最後看一眼魚鳥村時，晨光正灑在海邊密集的垃圾上，魚鳥人和許多漁村的人們一樣，總是隨手把垃圾倒進大海，他們以為大海可以帶走所有垃圾。

他們不知道，大海可以送來魚鳥圖，也可以把它永遠地收走。

台海年月

年

2015/03

當「年」這頭怪獸尚未出動時，我已從公公婆婆寄來的臘腸裡，聞到了年味。

我婆家位於古月港——龍海市海澄鎮珠浦村。我公公婆婆都是教了幾十年書的退休教師，同時也是特別注重宣導享受古月港美食的達人。他們深諳美食能傳遞給孩子們的溫情有多濃，儘管三個兒子已都成家立業，但在他們眼裡都是孩子，三不五時，他們會把好吃的寄給在外地工作的兒子兒媳孫子，我就經常收穫婆婆寄來的魚米蝦米，她知道這是我愛吃的菜。

公公提了家中幾十年的菜籃子，對什麼樣的食材最新鮮最好吃，有經驗得很。春節前一個月起，是他大展功夫的時候。買年貨啦，古月港的食材被一件件往家中帶，春節前三天最為密集，各類海鮮都是集中在了這三天。備貨時，公公惦記著每個孩子的喜好。一個大家庭，三代人，十幾口，每個人的口味都被關照到了，在圍爐的餐桌上，不管是誰，一定都能找到自己最喜愛的那碗菜。

年三十上午，公公婆婆催促著我們小家庭三口人早點去祭拜我父母。我父母都已不在人間，自結婚後，我和先生每年除夕上午都會回我娘家祭祖，添了孩子後，也必定把孩子一起帶回去。起初，我會對天上的父母說，保佑我們萬事如意。但我先生糾正了我，他說，我們祭祖，應該傳達在世的人對祖先的惦念關心，而不是要祖先為我們晚輩再操心。我覺得他說的很有道理，於是，每年除夕祭拜父母時，我們都會對父母說：「春節到了，祝願爸爸媽媽在天堂新春快樂、新年如意！」

我娘家也在龍海，與婆家相距只有20公里。祭祖後，我們在娘家與哥嫂吃午餐，當作一個小圍爐，午後便回到婆家，準備除夕夜與婆家大家庭圍爐。當回到村口時，我們聽到了鞭炮聲四起，村人開始辭年了。辭年，是兩岸都有的春節習俗，主要是以鞭炮聲送走那頭四處衝撞的「年」。

婆家裡，美食沸騰，在外的親人也都回到家裡相聚了。在大人們圍著灶台，邊烹調邊話家常時，過年就三歲的兒子要我帶他到村裡逛逛。村子不大，一逛就逛到關聖大帝廟，聽名字便知這個廟侍奉的是關公。廟前張燈結綵，廟裡靜謐肅穆。香客都已回家過年，只有兒子站在廟門口合著雙掌朝裡拜拜，我告訴他：「你拜的是關公。」「關公家圍爐嗎？」兒子問，我答：「圍啊！」兒子往廟裡探了探頭：「可他家裡沒人啊，他和誰圍啊？」「和全村人圍啊！」我安慰他。

拜了關公後，孩子還要逛，我們母子倆便在鞭炮聲中走村串巷。到了一戶人家的院埕前，孩子看到埕裡有雞鴨蹓躂，便又探頭看。「進來玩！進來玩！」院裡的大嬸熱情邀請，孩子便跨過院門，在埕裡開心地追著雞鴨；「入客廳咻茶啊！」屋裡的大伯擺上了茶盤，遞上一杯熱茶，叫人喝了暖心窩。

因為急著回家沐浴，我們便告別好客的村人。沐浴更新衣，是婆家圍爐前必經的一道程式，可見公公婆婆對圍爐的重視程度。沐浴、更衣……在這個過程中，我們內心不由自主地升起了對「過年」的敬意。

圍了爐，得了紅包，放了鞭炮……上床睡覺時，已是午夜時分，整個村子陷入了爆竹聲聲的海洋。我一夜無眠，卻換來整晚歡喜。

正月初五，我收到在城裡過年的好友毛章清的短信。以前，他也經常回鄉下老家過年，就這次在城裡。沒想到城裡的「年」一夜之間讓他明白了什麼才叫過年，他寫道：「沒有沸騰的美食，就沒有了過年；沒有讓情感慰藉的鄉愁，就沒有了過年；沒有讓靈魂寄託的儀式，就沒有了過年。而在城裡，這一切都付之闕如。」他把對「年」的恍然大悟，編成短信，作為新年伴手禮，送給了我。

我因此寫下這篇小文，回禮給了他，給了無數渴望年味的人們。回到鄉土，回到根本，年味就冒出來了。所幸的是，我們的10位台賽攝影師，已在春節那幾天，赴天南海北為讀者拾攝年味，翻開本期封面故事「歡樂鏘鏘滾」，年味一定會撲面而來。

同安

2015/06

我第一次到同安是在十年前。

那時，我站在汀溪古窯遺址，腳下到處都是瓷片，走起路來，耳邊總傳來窸窸窣窣的響聲，我不得不小心翼翼，生怕踩到遠去的魂靈。同安比廈門古老得多，歷史文化的寶貝滿肚子都是，鼓鼓囊囊地裝著，像個兩千歲的老學問家。

後來，我多次去同安，不是為了看景，而是因為同安住著與我相談甚歡的朋友。與老朋友在村舍裡比畫文章，或者一起站在陽臺上放眼果林良田，甚或委託村廚煮上一桌同安菜來大塊朵頤，都是俗務之餘的美好享受。我還在這裡結識了一位村婦，她在農耕之餘，喜愛筆耕，文章能發表她自然高興，發表不了也自娛自樂，只求有感而發，一如村邊的小花，有人欣賞，它開；沒人駐足，它也開。

一個地方之所以吸引人，不只因為它有多少美景，更主要的還是那裡有你喜歡的人。何況，同安，有景有人，地靈人傑。

但這回，我只為看景而去。同安把山山水水整出20景，廈門日報社與同安區人民政府共同主辦第五屆台海新聞攝影大賽，主題活動便是請20位兩岸頂尖攝影師聚焦同安20景。賽事由台海雜誌社和同安區旅遊局承辦，這讓我有機會以工作之名忘情山水。

同安的景點大都有山有水。如北辰山，如野山谷。我不追求登高峰，但特別喜歡在山裡聆聽水聲。有山有水的地方，往往，山如畫，水如樂。北辰山主峰海拔700多米，從上往下有十二道瀑布，疊泉而下，淙淙水聲不絕於耳。坐在瀑布邊的千年榕樹下，品茗一壺，物我兩忘。而野山谷也是以水聲留我過夜的。野山谷的木屋就懸掛在峽谷邊，那晚，所有的遊客都出谷了，夜靜谷幽，好在水聲相伴。我枕著流水入眠，第二天清晨，在鳥鳴與水聲中醒來，那真是一曲難忘的奏鳴曲啊。

同安的景點處處可見時間刻度。上文提到的北辰山，雖是以自然景觀吸引遊人，而實際上它是一座很有歷史的山。傳說王審知1200多年前竹林兵變，就發生於北辰山。我特意上山去尋找這片竹林，竹林是找到了，但「竹林兵變」之所，目前有多種說法，我因此不敢妄言眼前的竹林就是閩王的竹林。但這並不重要，重要的是兩岸許多老百姓都願意相信這段歷史就發生於這座山上，山腳下供奉閩王的廣利廟香火很旺，常常迎來對岸的香客和王氏後裔。山門的「北辰山」三字還是臺灣立法機構負責人王金平所題。同安是臺胞的祖籍地，不只王氏，許多姓氏都從臺灣回鄉認祖，他們又成了同安的遊客。

一座山和一個人，一座寺廟和一個人……有意思的是，同安的有些景點幾乎就是某個人的宿命。比如羅漢山，比如梅山寺。

五年前，書法家、同安人林志良第一次來到蓮花鎮青岩山腳下，他的命運也隨之發生逆轉。林志良少時家窮，常要出外借米，每回，母親都會交代他見到寺廟要進去拜，祈求佛祖保佑自己借到米。果真回回靈驗。母親去世後，出於對母親的懷念和對佛的感恩，林志良在見到青岩山後，就決定把這座山建成羅漢山，他發動社會人士供奉佛祖、羅漢，短短五年，在山上塑了1700多尊佛祖、羅漢。青岩山變成了羅漢山，林志良也變成了一凡居士，原本行走江湖的他，如今足不出山。

梅山寺從一個破敗的小廟，成為一座大美寺廟，也與一位比丘尼密切相關。梅山寺的住持慈明法師在俗界很有號召力，募得鉅款重建寺廟，其間，廣為傳頌的是，她從緬甸尋到了一塊巨型寶玉，並把它運回同安梅山寺，請能工巧匠雕成大陸最高的玉佛。供奉玉佛的大殿，是在玉佛雕成後才建的，因為假若先建殿，那麼高的玉佛就沒法入殿。同為女性，我很佩服慈明法師做事的氣魄。我帶隊到同安拍攝時，3歲兒正在家反覆高燒，我心煩意亂，但走進梅山寺時，心竟慢慢平靜下來。

所以，到同安，與其說是賞景，不如說是閱人。

車和卒

2016/06

「丟卒保車」是一種棋藝，一些高明棋手在碰到被動的時候，不計較一子的得失，為的是全盤取勝。

53年前，龍海縣為抗擊千年大旱決定堵江截流，堵江的地點就在榜山公社洋西大隊，為此榜山公社將會被淹一千三百畝良田，但可救下游十萬畝良田。在榜山公社群眾因抉擇而吵吵嚷嚷時，坐在角落裡的農民鄭水龜突然說：「我們不能光顧自己，堵江引水，淹掉一部分田，換來幾萬畝好收成，這是『丟卒保車』，很值得！」

我是從發黃欲碎的報紙上讀到這段話的。我不相信一個農民能說出這樣有哲理的話，因此懷疑這是當年報導的誇大其詞。

於是，我找到了把這段話寫進報紙的漳州報記者陳文和，當然，我見到的已是一個滿頭白髮的老人，「面對著我，他確實這麼說了。」陳文和很肯定地回憶了當初的採訪。我又找了當年陪同陳文和前往採訪的榜山公社委員徐學文，徐證明了陳的記憶沒錯。我還找了江水英的原型人之一榜山公社副書記鄭飯桶，他當時就在現場，坐在鄭水龜的不遠處，「他說了這句話，我們都覺得很有道理。」

這是真的嗎？去偽存真的迫切心情常讓我在一路尋訪中無法停止質疑，又比如，榜山公社委員徐學文在聽到縣委把堵江地點定在了榜山公社洋西大隊時，他幾經猶豫後，代表公社作出表態：「小利服從大利，小我服從大我！」這句話上了人民日報等諸多報刊，我同樣以求證「丟卒保車」那樣的方式對徐是否說過這句話刨根問底。幾經折騰的結果反而是又一次印證了魯迅所說的「許多名言，倒是出自田夫野老之口」。

為什麼在1963年，在三年困難時期剛過，在極端貧困的閩南地區，會產生這種以「丟卒保車」為核心的精神呢？

探尋龍江風格產生的根源，一個回避不了的問題是，淹田，

起初大家都想不通，為什麼一天兩天過後全都想通了？

有的人說，在計劃經濟體制下，實行的是「一大二公」，種的是「公家田」，吃的是「公家糧」，犧牲的是「公家田」，減產的是「公家糧」，農民不容易感受到切膚之痛。

問題是，農民一年裡生活好不好過，完全取決於這年土地收成多少。雖然，身為「公家人」，吃在「公家田」，但是，「公家」犧牲多，攤到個人，個人也就損失多；「公家田」產不出糧食，個人也就得餓肚子，這不僅是道理，而且是常識。

怎麼想通的呢？我沿著九十九灣，問遍了當年受損的人們，答案幾乎是一樣的：田淹了，沒飯吃，政府就會想辦法。

如此簡單的回答與人們期待中的「一波三折」實在相距甚遠，而且幹部說服社員的方法也不複雜，就是那種少為現代幹部所用的回憶對比和算帳對比的方法。

但是，如此簡單的回答卻包含著現代人經常說的一個詞「信任度」。老百姓對黨的信任，老百姓對為官者——黨的方針政策的執行者的信任。

老百姓對為官者的信任，首先源於為官者對老百姓的責任：

據當年「丟卒保車」的直接組織者榜山公社黨委書記蘇海成回憶，堵江決定下達時，縣委書記劉秉仁三次打電話給他，每一次電話都涉及到農民的補償問題，田地淹了多少，秧田損失多少，肥料流失多少，都得如實匯報。

蘇海成的回憶透露了一個鮮為人知的事實：縣委要榜山公社作出犧牲時，已經把補償說在了前頭了，也就是在同時考慮怎麼把「卒」救回來。並不是像有的宣傳那樣，絕口不提補償，好像一說補償，「丟卒保車」的含金量就會降低。儘管後來榜山公社並沒有伸手向縣委要補償，而是自力更生，「堤外損失堤內補」、「農業損失副業補」，在其他大隊幫助下大災之年奪得大豐收，但這是「丟卒保車」的後話。

「丟卒保車」前，政府首先承諾要進行補償，要「救卒」。也就是說，要讓老百姓心甘情願為大局捨小局，首先得讓老百姓有安全感，覺得政府靠得住。正如當年人民日報等報刊的社論所說的「要讓一家大小擺脫對物質生活的恐懼」。

所以，完整的龍江風格應該包含「丟卒保車」和「車卒俱保」兩個層面，缺一不可，這樣的龍江風格才是不會過時的，也才可能在市場經濟時代重煥光彩。

台海年月

聽月港

2016/07

到月港「七碼頭」採訪時，碼頭邊上的豆巷村的村民見我們在烈日下久站，就掀開竹格子，探出頭，熱情招呼道：「入內啦！啉茶啦！」。

「七碼頭」，是月港最重要的文物古蹟，令人難以想像的是，它們沿著九龍江一公里內密密排列，而且全部集中在豆巷村這個村子的沿江上。七個碼頭的名字都很特別，聽來便是有故事的。比如，「餉館碼頭」聽來，便會叫人聯想起船進船出、貨來貨往的繁華景象，「路頭尾碼頭」聽來，施琅水師震天撼地的喊聲彷彿也出現在耳旁；而那個中午，我們採訪的碼頭叫溪尾碼頭，月溪就在這裡潺潺流進九龍江。

落座後，我問主人，豆巷村有民宿嗎？我們很想晚上住下來。他邊泡茶邊答「沒有」，並且不解，廈門離月港那麼近，只需一個小時的車程，為什麼不回去。他還建議道，若非得住下來，那就住到海澄鎮上的賓館去，那兒才舒服，而碼頭邊上蚊子很凶。

見主人一臉和善，我便得寸進尺，與之商量道：「能不能讓我們幾位記者住到您的家裡來？」他一點兒也沒猶豫便答「沒問題」，但馬上接著說：「在這裡，你們會睡不著的，因為半夜一過，船就吱吱叫。」他說的「吱吱叫」指的是碼頭船隻啟航的汽笛聲。「天光時，碼頭上還有各種聲響，吵死了！」

「沒關係，我們就是為了來聽這些聲響的。」主人的爽快答應，讓我的心一下子踏實下來，彷彿馬上可以安眠在月港的懷抱裡。

其實，月港是我的家，我是月港的兒媳婦。早在之前，不知有多少個夜晚，我躺在珠浦村的木板床上，聽蟲叫，聽蛙鳴，聽小刀會的故事。珠浦村是小刀會起義的地方，起義者中，部分被清廷殘忍殺戮，部分逃到臺灣，而當年，他們就是通過月港航線

越過黑水登陸寶島的。

我特別喜歡春節回到月港，除夕夜，當整個村莊陷入鞭炮的海洋時，我的內心反而感到特別踏實，特別寧靜。炮竹聲聲，提醒我，我又回到了水邊，回到了田野，回到了大地的懷抱。

正月初一，和婆婆一起提著供品到廟裡拜拜，聽婆婆與神明絮絮叨叨地談心，以這樣的方式開啟農曆新年的第一天，也是我十分樂意的。小小的珠浦村有三個廟宇，土地公把在村口，我們每次回鄉進村時，首先就拜土地公，離開村莊時也要跟土地公告別。另外兩個廟宇分別供奉的是賢天上帝公和關帝爺，是逢年過節，家家戶戶必去拜拜的。敬重神明，是月港興盛時代的遺風。走船跑海，最需要神明佑護。我首次到臺灣時，並不像許多陸客對臺灣處處皆廟宇感到驚訝，反而感到特別親切，尤其是，臺灣的不少神明，是通過我們月港踏海而去的，有的還是月港的神明分身去的，比如城隍爺。在臺灣的廟宇裡，我聽到的臺胞與神明的談話內容，與婆婆說的大同小異，從天下太平到子孫平安，都說了個遍。

月港的廟宇前，幾乎都有戲臺，那是薌劇團演戲給神明看的，唱戲酬神，在月港也是十分興盛的。薌劇在臺灣叫「歌仔戲」。臺灣的歌仔戲源頭是誕生於月港等地的錦歌。錦歌傳進臺灣宜蘭後，發展為臺灣歌仔戲，1928年，台胞回到龍海白礁慈濟宮尋根謁祖時，帶回了「三樂軒」歌仔戲班，唱戲給吳本聽，歌仔戲傳回閩南，並發展為薌劇。我從小就看薌劇長大，小時候只喜歡薌劇的劇情，不喜歡薌劇的哭調，拖拖遝遝的，沒耐心聽；現在，回到月港，夜幕降臨時，「陳三五娘」等傳統劇碼的曲調傳來時，不到戲臺前，也往往浮想聯翩。

我在台南時，發現它所轄的鹽水區也叫月港，甚至這個月港與我的家鄉月港一樣，有八卦樓，有關帝廟，成為早年月港人開發臺灣的符號。聽著台南月港的淙淙流水聲，我深深思念家鄉月港，迫切想聽到它的水聲，看到它的帆影。

珠浦村雖在月溪邊上，但離「七碼頭」還是有點距離的。月溪早就不走船了，在珠浦村聽月港總還是差了那麼點兒。因為本次的封面故事「月港」，我終於得以最近距離聽月港的各種聲響。您也一起來聽，好嗎？

何慰鄉愁

2016/09

儘管從廈門回到古雷只需兩個小時的車程，林三妹仍然飽受思鄉之苦。這位漁夫的女兒，在上海讀完大學後，就到廈門找了份銷售的工作，每月約有四、五千元的工資，這份在當年的古雷人眼裡已是不錯的收入，卻難以慰藉她的鄉愁。因為思念父母，她每個周末都會回古雷。周六的返鄉之路，快樂，如有清遠的笛在耳邊輕唱；而周日的傍晚，在向故鄉揮手別離時，林三妹的心裡是種模糊的惆悵。

結婚生子後，林三妹的鄉愁又翻了番。她不僅思念父母，還牽掛丈夫孩子，而且後者更令她牽腸掛肚，這種痛楚，當了母親的女人更能體會。於是，她從廈門辭職回到了古雷，過起了老公孩子熱炕頭的生活。不再受鄉愁的煎熬，但另一種摸得著看得到的愁苦卻升起了——生計從何而來？她討不了海，也沒大本錢去包海養殖。源於生計無著的愁苦，其實比衣食無憂時的鄉愁更折磨人。這一切發生在2011年之前。

2011年這個年份，對包括林三妹在內的近4萬名古雷人而言，想必會是終生難忘的。從這一年起，他們將告別世世代代生活的家園，整島搬遷。從衛星雲圖看，古雷半島，像一把長長的鼓棰，一端被陸地的巨手緊握，另一端毫不猶豫地伸向深不可測的大海，除了具備深水港的各種優勢之外，它的另一個得天獨厚之處，在於它的鼓棰狀，特別適合封島運行，也就是在連接陸地那個狹長部位，把「門」一關，就實現了石化基地與外界的完全隔離，對於石化基地的安全運行意義非凡，而在大陸最優良的「八大深水港口」中，像古雷半島如此適合建石化基地的幾乎沒有。難怪曾當過馬英九經濟智庫總召集人的著名經濟學家林建甫甫到古雷考察時，就發出了這樣的讚歎：「古雷半島應是臺灣石化產業外遷的最優選擇！」他本次接受我們的專訪時，重複了這個考察結論。

古雷人從整島搬遷中獲得的經濟賠償超過了許多人的心理預期，一夜致富對古雷人並不是神話，而是實實在在地發生了。為了本期的封面故事，我們數度進入古雷採訪，抵達古雷的首站一定是新港城，那是古雷人新的家園，來自13個行政村近4萬人被集中安置的地方，已經是一座小城市了。新港城的中心街金福街，實際上就是一條金融街，大小銀行都爭先在此設支行，它所擁有的銀行種類遠遠超過了漳浦縣城，可見這些永遠告別漁民生活的古雷人，其腰包有多殷實。

但有種東西是錢沒法完全慰藉的，那就是鄉愁。也正因為如此，整島搬遷中，古雷人的鄉愁被盡可能地關照了。

比如，新家園的地點是古雷人自己選的。當初有三個方案擺在他們的面前，一是搬到與古雷半島隔海相望、同樣是漁村的六鰲，二是搬到縣城當城裡人，三是留在古雷半島上與石化基地相隔20公里的大陸端。最終，古雷人選擇了第三個方案，留了下來，日日看自己曾經的家園發生怎樣的變化。

記得閩南人開發臺灣，踏上兇險的黑水之路時，一定把家鄉的神明背著一起走，可見閩南人對神明有多重視，而討海的漁民更看重神明的佑護，稱「人在神明在」，這更是漁民的鄉愁所在。那麼，世世代代以討海為生的古雷漁民，他們搬走了，神明哪裡走呢？在古雷採訪中，我們兩次來到新港城附近在建中的古雷民俗文化園，那裡容納了50多個廟宇，即將供奉的是來自半島13個行政村數十個自然村的神明。而當我們深入到那些已成廢墟的村莊採訪時，發現整個村莊仍然挺立的建築往往是廟宇，它們會等到神明被請到古雷民俗文化園後才會被拆。

林三妹的家也搬進了新港城，她應聘上了一份滿意的工作，從2011年以來一直在新港城物業管理中心上班，她在大學裡學的電腦專業在工作中派上了用場。「想念舊村莊的老屋嗎？」我問，她搖了搖頭。新生活令她最滿意的地方，在於她再也不用為生計而背井離鄉，除了一家三口日日團聚之外，還可同時和父母公婆生活在同一個社區，隨時互相照應，享受天倫之樂。而她的經歷只是無數個當初被迫出外打工如今得以返鄉的古雷青年的縮影。

何謂鄉愁？是郵票那端的母親，是船票那頭的愛人，是海水隔著的家鄉。

何慰鄉愁？回到家鄉的暖屋，投進母親的懷抱，靠在愛人的肩頭，而這一切的實現很大程度上得取決於你淌過了貧窮之海。

第二章 思潮

2008年秋天，
國民黨另一榮譽主席吳伯雄回永定祭祖，
在土樓裡剛說出第一句客家話時，
宗親們馬上歡呼「雄哥！雄哥！」
他說的雖不是閩南話，
也一樣得到山呼海歡的回應。
不管說的是哪種話，
只要腔調相和，
就可能心靈相通。

腔調

2011/02

我是閩南人，但說閩南話最多的時候不是在閩南，而是在臺灣。

因長期受「請講普通話」的教育，我自從能講普通話後，就經常伺機講普通話了。為什麼用「伺機」這詞呢？因為我的出生地到處都講閩南話，講普通話的機會少之又少。即便有人偶爾講講普通話，也是「普通攪狗屎」（即普通話裡夾雜著閩南話）。閩南話被說成狗屎，並不見得是受貶，而是它太土氣了，且隨處都是，就像村裡那些動不動就能踩到的狗屎。

我以前不愛說閩南話，就是怕那個「腔」，覺得「慫」。我們漳州人說「腔調」為「腔口」，誰「地瓜腔」重就會被說那人腔口很重，即「很腔」。

我開始喜歡那個「腔」是在兩、三年前，這要歸功於臺灣朋友。

我初到臺灣時就驚奇於臺灣朋友講閩南話之頻繁，真正遍地都是「地瓜腔」。有天，我到臺灣大學參訪，與社會科學院幾位教授交流，他們竟用閩南話來表達深奧的法理。教授們都有留美背景，會多種語言，但偏偏選閩南話來說。置身於這座在世界排名曾超北大清華的大學裡，我四處張望也沒有看到「請講普通話」之類的警醒。不講「國語」或英語，而講閩南話，他們的學術地位並沒有因此而降低啊。我也終於明白，自己為何能在福建平媒中率先被台「新聞局」批准以記者身分赴台，首先得益於我會閩南話呀。

到了台南，那兒有個造型別致的「台南文學館」，是舉辦詩朗誦的好地方。有位台南朋友用閩南話為我們朗誦了李白的「床前明月光，疑是地上霜」，那腔口啊，叫人回味無窮。後來，他幾次到大陸來，一坐到餐桌前，我就吵著要他用閩南話朗誦唐詩佐餐。一漳州名詩人曾自豪地對我說，李白當初寫詩就是用我們漳州話。我想是有可能的，不然，用閩南話朗誦他的詩怎麼聽起來會比用普通話朗誦來得腔調悅耳呢？

廈門居住著很多台南人，廈門台商協會榮譽主席吳進忠就是最早到廈門投資的台南人。20多年後，他還清楚地記得第一次到廈門的日子——1989年7月11日。而這個日子能讓他記得這麼牢，就是他一下飛機就聽到了閩南話，「雖然腔口有些不同，但那種親切感難以言表。」事實上，剛到廈門投資的台商是比較不適應的，廈門那時的生活環境與臺灣差別很大，連速食麵和衛生紙都要從臺灣帶來，且回一趟家要經香港七繞八拐，很不方便。但吳進忠留下來了，並勸說了很多台南人到廈門投資。他們在孤獨中用於慰藉內心的就是隨處可聽到的閩南腔。那些到廈門投資的台商，語言相通成為他們選擇投資地時最重要的考量之一。

這無疑體現了閩南腔對台商心靈的潤物細無聲，而我真正見識閩南腔突如而至的震撼力是在連戰回鄉祭祖時。那是2006年春天，連戰祭完祖走出祠堂，埕院上的宗親擠擠挨挨也吵吵嚷嚷。連戰開口：「漳州是我連氏先祖住家、生活、奮鬥的所在。咱宗親在這個水的所在吃頭路……」全場頓時肅靜，連戰接著說：「今天，我和我厝內、囡囝逗陣回來……」什麼叫「雷鳴般的掌聲」，看看那一刻宗親們的回響便知。

2008年秋天，國民黨另一榮譽主席吳伯雄回永定祭祖，在土樓裡剛說出第一句客家話時，宗親們馬上歡呼「雄哥！雄哥！」他說的雖不是閩南話，也一樣得到山呼海歡的回應。

所以，不管說的是哪種話，只要腔調相和，就可能心靈相通。

眇公

2011/10

辛亥革命志士蘇眇公是我的同鄉，但在我的童年生活和學生時代，無論是課堂上，還是街坊間，從未有人對我說起他的故事，好像我出生的那個小鎮沒有生養過這個人似的。

他的故事我直到30歲以後才聽說：1911年辛亥革命爆發後一個月，剛從日本回國不久的同盟會會員蘇眇公到廈門聯絡革命黨人，一起趕回漳州與當地革命黨人謀劃起義。光復過程充滿趣味，一些革命黨人攜帶鐵煙罐偽稱炸藥，威脅獄吏開監釋放了所有囚犯；另一些革命黨人跑到道台府上，取出四顆自製手榴彈，嚇跑了道台；接著大人小孩都提著燈到街上慶祝。

後來，我又聽到了他的另一個故事：1915年袁世凱稱帝，時任《群報》主筆的蘇眇公以筆討袁遭到傾向袁世凱的福建都督孫道仁逮捕，被嚴刑拷打後，蘇眇公說：「要供詞，拿紙筆來！」孫道仁大喜，以為蘇眇公屈服了，誰知拿到手的卻是這幾個字：「孫中山為民族起而革命，（卻）出了你這個不道不仁的糊塗孫！」孫道仁惱羞大怒，蘇眇公卻仰天大笑。

這兩個故事，一下子讓我把蘇眇公定位在了奇人與俠士上。於是，我常想，如果我小時候，老師或父輩對我們說蘇眇公的故事，我們一定很愛聽的，可能還會結伴跑到蘇眇公曾經讀書的私塾裡，想像14歲就中秀才的他勤奮讀書的情景。教育效果肯定立竿見影。可惜沒有，我們從小到大聽到的只有劉胡蘭、董存瑞、黃繼光等這些在地域上離我們十萬八千里的英雄名字。

中學時代，我們本來是有機會與這位辛亥志士隔空相遇的。那時，學校裡有位語文老師，叫蘇衍宗，是校報的主編，我們這些文學愛好者經常圍著他轉，他本來是最有資格對我們說蘇眇公的，但他還是沒說。他的這個「資格」，我直到兩年前才知道。那天，已是閩南日報資深編輯的蘇老師帶著他編注的《蘇眇公文集》到雜誌社來關心我這個學生輩，也就這一天，我才知道蘇眇

公是他的祖父。我不禁苦笑，為什麼在我生活的那塊土地上，一個如此光彩照人的革命先輩，那麼長的時間，沒有人去把他從歷史的深處請到我們晚輩的面前呢？

記得我第一次聽到蘇眇公的名字，已遲至7年前剛到廈門日報社工作時。一天，我見到廈門一位史學家，他問我家鄉何處，我答：「龍海港尾。」他一聽，擊掌而言：「你們港尾是出報人的地方啊！」接著便說出一串名字，其中就有蘇眇公。我回家一查，才知我的這位同鄉先賢從19歲開始就活躍於新聞界，歷任印尼爪哇《公報》、上海《大公報》、福州《群報》、廈門《江聲報》等報刊雜誌的主筆或主編。

蘇眇公不僅是志士、俠客、報人，他同時還是位文豪，其詩詞與書法在中國文壇獨樹一幟，但我最喜歡讀的還是他的家書。家書的字裡行間裡處處可見蘇眇公對父母、對妻兒、對兄弟的關切和付出。去世前幾年，蘇眇公在大同中學教書，每月薪資絕大部分寄回家裡，家書裡一再叮囑花銷「不要惜費」，而事實上他自己過得窮困潦倒。這就是蘇眇公的可愛之處——不僅有一身俠骨，更有一副柔腸，我們誰也不會真正喜愛一個滿嘴主義、卻對家人冷暖不問的人。

最近回了一趟家鄉，聽說家鄉正在籌建蘇眇公主題公園，這自然是件好事，但高興之餘更期盼，歷史傳承不要只停留於建設硬體設施上。

蘇眇公，本名蘇維禎。「眇公」，緣於他在獄中被打致瞎的左眼。出獄後他自號「眇公」在報上發表了許多文章。眇者，單眼失明而俗稱獨眼龍者。長久以來，我們尋找榜樣力量，常常捨近求遠，對身邊歷史人物熟視無睹。若總是如此，該自稱「眇公」的人便是我們，只是當這個名號用在我們身上，定完全沒有了蘇眇公自號時的豪氣與坦蕩。

傳燈

2013/04

80多歲的旅京畫家汪易揚曾在一個燈光搖曳的夜晚，對我回憶起童少時的鼓浪嶼生活。

五歲時，幼稚園老師要小朋友們畫國旗，大家畫的都是靜靜地貼在牆上，第一次拿起畫筆的汪易揚畫的卻是在空中高高飄揚，老師看了便送給他筆和紙鼓勵他多畫，還提醒他家人要重視這孩子的畫畫天分。汪易揚的母親是有錢人家的保母，有時會把孩子帶到主人家，主人發現這孩子愛畫畫，就打開那間輕易不開的屋子，讓汪易揚痛快地臨摹一屋的藏畫。有了畫畫基礎的汪易揚經常會在家門口寫生，鄰居大哥看到了，便預見他日後會成為畫家，並鼓勵他去投考劉海粟。一次學運後，17歲的汪易揚果真投考上海，成為劉海粟的門生⋯⋯。

當把這些細節串起來後，我們發現，每個細節都決定了汪易揚的命運，日後，當成為知名書畫家後，汪易揚說，儘管在鼓浪嶼只生活了17年，但這個小島給了滋養他一生的營養。汪易揚的經歷並不是個案，日後，許多從鼓浪嶼走出去並有所成就的人都像他那樣從這個小島汲取了用之不竭的養分。小汪易揚所經歷的那些生活點滴，對他們並不稀奇，甚至時時可遇。

但這些，對如今的鼓浪嶼孩子而言會是奇遇嗎？當他跟著當保母的母親到有錢的主人家裡，會有主人把藏畫拿出來給他臨摹嗎？當他在街頭寫生時，會有鄰居大哥慧眼識畫，鼓勵他去投考劉海粟這類的大師嗎？鼓浪嶼的孩子還能像前輩那樣有滋有味地從這個島嶼吸取養分嗎？

曾經，出生書香世家或受過高等教育的原住民，一撥撥遷離了鼓浪嶼；工藝美院、音樂學校，一所所遷離了鼓浪嶼。鼓浪嶼活態傳承遭受了嚴重打擊。表面上熙熙攘攘的鼓浪嶼，暗地裡寂寞孤獨。

所幸，利用「申遺」契機，鼓浪嶼在修復中。相信通過她的內外兼修，會有更多高素質的人回到這個島上來。

你一定會反問我，住什麼樣的人，對這個島嶼有這麼重要嗎？

且讓我對你說說，1949，渡海傳燈人的故事……

1949年的大遷徙，除了為臺灣帶來威權政治，更為這個島嶼帶來無數人才，他們可能來自北大的才子，來自清華的學人，來自西湖的畫家，來自蜀中的作家。由於一時間來台的人才太多，而臺灣又沒有那麼多高等學府供那麼多知識分子謀生，於是，他們就只好輾轉到臺灣各地，甚至散落到偏僻鄉村，在中專、中學甚至小學裡當老師。他們也許曾輝煌一時，但在命運的安排下，飛入了尋常百姓家，為文化貧瘠的臺灣播撒下希望的種子。

許多我們耳熟能詳的名家，都是在這些老師的薰陶下成長起來並終成一家的。作家楊渡曾這麼評價他高中時的歷史老師，「那一年我16歲，高中一年級，第一次認識中國流離遷徙的大歷史，也見識一個知識分子的才華、風度和狂放不羈。」他筆下的這位歷史老師就是北大才子齊治平。書法家杜忠誥也總說他在台中師範讀書時的老師呂佛庭改變了他的一生，他說，「一個彰化鄉下的窮苦孩子得以和一個國畫大師學習書法，那是何等的緣分和福分，如果不是1949大遷徙，可能我們這一生都不會有這個機會。」

臺灣故事與鼓浪嶼命運也許是兩回事，但說明了同樣一個道理，有沒有傳燈人，決定了這個島嶼是浮是沉的命運。

信其有

2013/11

和絕大多數閩南人一樣，我從兒時起，生活中就有許多宗教的影子。

7歲起，我便會在每年春節前後，跟著母親，通宵走山路到漳州平和縣的三坪寺參拜祖師公。那時，鎮上的人們特別信祖師公，春節一臨近，就得做各種前往三坪的準備，包括包車、供品和過路錢，這些都可能把一年盈餘都花掉，但人們在所不惜。包車也只能坐到平和文峰，接下來20多公里都是山路，且車到文峰後已是傍晚，所以這段崎嶇的山路都是在夜間跋涉的。所經之處常遇乞討的人，他們是當地人，有男有女，有老人有孩子，往往衣衫襤褸、瑟瑟發抖。山區窮，他們就常忍著寒冬蹲守在路邊，等待香客的施予，這就是我們為什麼一定要準備過路錢的原因。

「誠心」二字經常在我們的宗教生活中被提起。有人家的孩子書讀得比較好，就會被認為他們家對祖師公誠心；有人家一年到頭倒楣，就會被說「不誠心」；還有的人家為了讓久病的人好起來可能舉家前往參拜。而對祖師公的誠心，首先體現在前往參拜的前一天起就不能沾半點油星，只能吃素，直到回家。

鎮上的人們並不都信佛教，還有信天主教的。那座小山腳下的教堂對兒時的我們而言是非常神秘的，它的門絕大多數時候是緊閉的，我們經常趴著門縫往裡看，想看看神父長啥樣、說啥話。後來，我讀初一時的英語老師皈依天主教，並成為鎮上教堂的神父，這讓我對神父的印象定格在他的模樣——戴著眼鏡，胖胖的，溫和的，且終身不娶。

有很長一段時間，我都以為教與教之間是老死不相往來的，甚至是敵對的，這種認知也是緣於鎮上人們的宗教生活。鎮上的人，以信佛教和天主教為主，但這兩種教派的信徒之間不被允許通婚。所以，我們三天兩頭都能聽到這樣的故事，誰誰家的女兒愛上了信天主教的，她那信佛教的家族全力反對，直到把一對愛

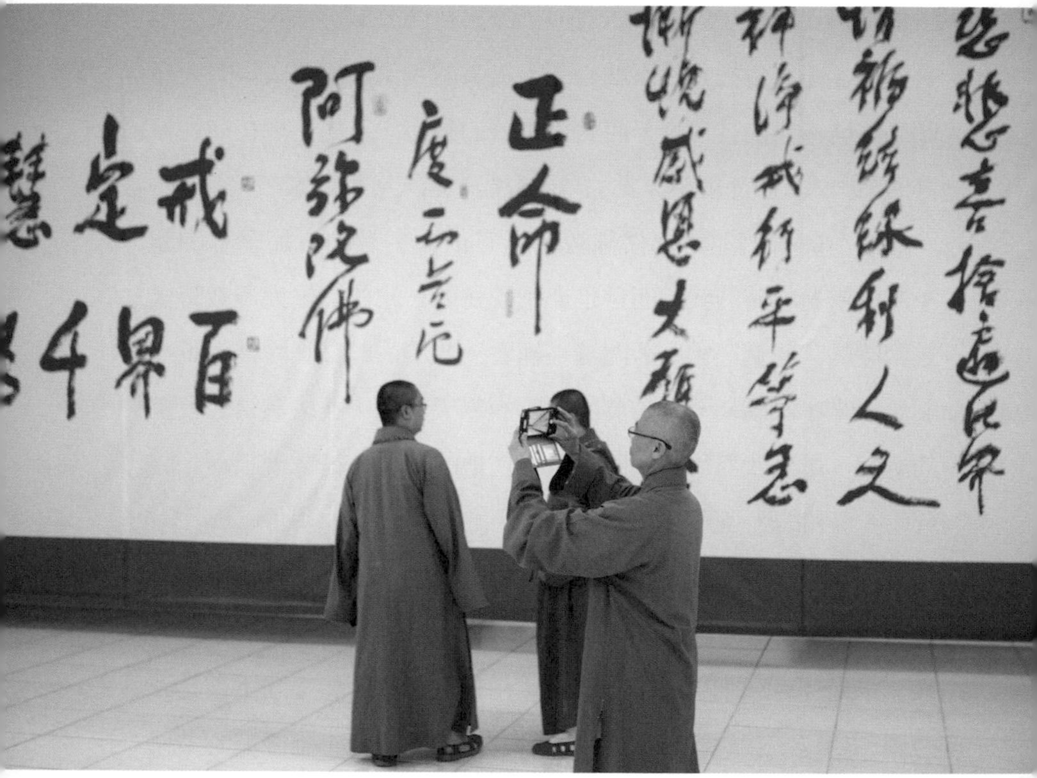

人拆散為止；或者，誰誰家的兒子衝破重重阻力把信佛教的女子娶進家門，但從此一家不得安寧，信天主教的婆婆要兒媳婦念經，兒媳婦卻要舉香拜拜，由此引來爭吵不斷。

但多年後，星雲大師與臺灣首位樞機主教單國璽四十年來惺惺相惜的故事，撥去了我心裡在小時候被種下的對宗教的無知。星雲大師說，所有的宗教都如同兄弟姐妹，如同一家人一樣，是有信仰的，不要對立，等於是文學裡，有小說、散文、詩詞歌賦。他還把不同教別的相處比作一桌菜，「酸甜苦辣都有，各有所需、各有所信，不必分別，大家都是好朋友，殊途同歸。」

我與星雲大師有過多次近距離接觸，在聆聽他的人生故事和傳教經歷時，常常被大師海納百川的氣量所震撼，同時又被他如涓涓細流般的溫情所感動。當聽到他把不同宗教的相處比作「一桌菜」時，我便不由自主地想起了鼓浪嶼「這桌菜」。

不足2平方公里的鼓浪嶼，匯聚了天主教、基督教、佛教、道教等多個教派，一百多年來，這些教派和諧相處，如星雲大師所說的「各有所需、各有所信」，把福音傳播到琴島的每個角落，並遠播至海峽對岸的寶島。很多從鼓浪嶼走出來的名人，遠的如林語堂，近的如殷承宗，從不諱言宗教對自己的影響，這種影響包括如何與懷不同信仰的人相處。

協和禮拜堂等宗教建築已被列入鼓浪嶼申遺的核心要素，但顯然，鼓浪嶼有資格申遺，不只因為它的建築，還在於它的社區生活，這當然包括被許多外人引以為神秘的宗教生活。

泥土的芬芳

2014/03

考上大學之前，我們姐妹都是農村戶口，小時候每人都曾分到了幾分地，合起來也有一畝三分地。

在這一畝三分地上，我們不僅收割了黃燦燦的稻穀，還收穫了無窮的快樂。閩南的水稻一年兩熟，每當到了收穫時節，學校都會放稻假，讓我們當學生的回家幫父母收割稻子。朝陽普照一望無際的稻田，我們姐妹奔跑著撲進了隨風起伏的稻海。大哥大姐揮舞鐮刀，割下了沉甸甸的稻子；我和小姐姐緊跟著抱起稻子，來到碾稻機旁；父母微笑著從我們的懷裡接過稻子，把有稻

穗的那頭放進了碾稻機；穀子歡快地揚起，又落下。人手不夠，親戚們就來幫忙曬穀子，他們一擔擔地把脫下的穀子從田裡挑到大埕。夕陽西下。收工了，我們滿懷豐收的喜悅回家，回頭望去，一茬茬稻頭正等著犁田機犁過，以化為來年的肥料。

在這一畝三分地上，我們不僅種了水稻，還種過蘆筍、地瓜、西瓜。種西瓜時，最難忘的是看瓜。西瓜成熟時，為防偷瓜，就得搭個瓜棚。這個時節正值暑假，我和小姐姐天天到瓜田裡看瓜，太熱了就躲進瓜棚看書，結果有幾次，偷瓜者就乘機下了手。發現丟瓜，我們的心比父母還難過。父母難過，是因為少了收成；我們難過，是因為和西瓜朝夕相處，日久生情，丟了哪個西瓜，都像被剜了心頭肉。

後來，我們姐妹接連「跳出農門」，父母也年老了，就決定把地租給其他農民耕種。起初，租田者返還給我們的稻穀，除了上交農業稅外，還略有盈餘；過了三、四年，就只夠上交農業稅了；再過三、四年，雖然農業稅取消了，但租田者也沒辦法給我們稻穀了。他說，收成都被不斷上漲的肥料錢和雇工錢吃掉，他自己也沒剩多少了。為了不讓田地荒蕪，我們姐妹決定無償地把田地給農民耕種。可兩年前，這位農民傳話來，說即使免費他也不做了，因為打工比種田好賺。

台海年月

那一畝三分地，難道就只能荒了嗎？

春節期間，我們姐妹相約回到了闊別多年的田地，但再也看不到稻禾田田。眼前，不是小作坊，就是新民居，毫無規劃，東一簇西一簇。那曾經養育我們一家幾口、時時飄著泥土芬芳的一畝三分地在哪兒了呢？在那位租田者的幫助下，我們總算找到了它，但迎接我們滿腔真情的是一田沒膝的荒草。

在農村，不知有多少的土地經歷了我們那一畝三分地的命運！

相比之下，台農卻義無反顧地撲向土地的懷抱。在廈門島外，就有這樣一批台農，他們，或隻身一人，十幾年來默默耕耘，就為培育一個新品種；或舉家遷來，安營紮寨，朝夕拓荒，就為重拾內心的寧靜祥和。他們，有的種蓮花，有的種檸檬，有的種楊桃，有的種咖啡，還有的養鵝，但相同的是，都有一雙長滿老繭的手、一雙傷痕累累的腳和一種永不言敗的精神。而實際上，他們的背後，是臺灣數十年來日新月異的農業發展，比如他們遇到什麼技術難題，隨時可回臺灣取到真經。

地狹人稠的臺灣歷來敬畏土地、敬重神農。呵護土地的行動總能一呼百應。創投教父柯文昌和媒體先鋒徐璐發起「臺灣好基金會」，在盛產大米的池上鄉辦各種活動，吸引林懷民把池上種大米的故事搬上雲門舞臺，吸引劉克襄來演講，吸引蔣勳把稻禾寫進詩作。人們對池上的敬意，讓池上的農民臉上發光、腳底更勤。池上案例只是無數個關愛土地行動中的一個。

何時，我們的一畝三分地也會有詩聲、有舞影呢？

台海年月

指紋

2014/05

這是黃三、淑惠夫婦的店名。他們的店就開在臺灣嘉義市的一間由檜木搭成的平房裡。

為什麼取這樣一個店名呢？因為店裡所有的商品都有他們的指紋，也就是都由手工做成的。

快樂貓坐在中心區塊的角落裡，後仰，雙手分開，搭在構成角落的兩條邊上，淑惠說，這副慵懶樣如她自己正泡澡。淑惠喜歡泡澡，就把這種嗜好織給了快樂貓。快樂貓是用毛線織成的，紅白黑三色，腹中塞著棉絮，屁股和雙手雙足塞滿水晶，所以，可以穩穩地坐著。和它坐在一起還有各色各樣的貓，毛線織出了豐富的表情，有哭有笑，有沮喪有自大，而它們擁有什麼樣的表情直接由淑惠當時的不同心情所決定。

織這樣一隻快樂貓需要花費多長時間？淑惠答：遙遙無期。她說，自己織貓時，從來不給限定時間，只求做到當時最好，「最好」達到了，活才算完成。

如此花費心思的手工藝品，如果找不到心心相印的買主，會不會很難過？淑惠搖了搖頭。怎麼可能一天當中一件都賣不出去呢？她反問道。她說，也常遇到講解了半天，顧客連聲謝謝都沒有轉頭就走的情形，但她不沮喪，「怎麼可能一天當中一件都賣不出去呢？」她又重複了這句話。她說，再壞的生意，也別讓它壞了我們的心情。她用了一個詞「導正」，也就是當糟糕的事情發生時，心情要往好的方向導。

黃三寫得一手好字，做的手工活裡常見他寫的字，一個杯子、一個本子，他在它們上面不僅表現了字，還表達了情，比如，買主可能會讀到這樣的句子，「一個人如果不做出樣子來，別人想拉一把時都找不到他的手」、「如果沒有契機，那就先與石頭沉默相對吧」。

什麼是創意產業？我們總是講得很玄乎，而黃三和淑惠給我

們的答案是一點兒也不高深。

「指紋」，只是嘉義檜意森活村裡的其中一家店。森活村裡有幾十間的木平房，是日據時代日本殖民者用檜木造的，專作鐵務局的職工宿舍。房子沒有用到一根釘子，近百年後仍堅固無比。而今，這些木平房裡都開起了商店，只是比起許多普通商店，它們更令人流連忘返。

有家店，賣的是布袋戲裡的生旦淨丑等角。當滿街都在流行泰迪熊和芭比娃娃時，店老闆想，難道在臺灣，陪伴孩子們成長的只能是這兩個洋玩偶嗎？自己兒時記憶裡布袋戲裡的各類要角，難道不能重新回來，陪伴下一代成長嗎？於是，他就開了這家布袋戲店，小朋友逛店時，他常熱心地教他們怎麼玩。最多時，一天可賣五、六十個。漸漸地，中國傳統戲曲裡的玩偶開始成為小朋友們的「枕邊人」。

還有家店是賣木偶的，這些木偶並不是我們一般認為的小人兒，而是我們生活中處處能見到的物品，他們都用檜木做出來。如一雙小鞋、一對蝴蝶、一輛汽車、一隻瓢蟲、一把梳子，等等。臺灣對林木砍伐有很嚴格的規定，用於做鞋做車做蝴蝶的這些檜木，其實是因風災等原因倒地而死的朽木，被林務局拍賣了，有心人就把它們變廢為寶，化腐朽為神奇。

膠卷流行的年代，我們展開膠卷時總要小心翼翼，擔心指紋留在了照片上。而今，這樣的擔心已沒有必要。但是，指紋不再的照片就一定更好嗎？答案不盡然，器材再怎麼先進，要出好作品還是要從最根本的地方出發，有心，才能有創意。本次台賽赴台展，那些震撼人的作品首先就是有沉甸甸思想的，「思想」二字的根部不都是「心」嗎？

惜惜

2014/07

「惜惜」，因為這個詞，我對閩南語的魅力更加著迷。

雖然我是閩南人，但在從小到大的很長時間裡，我對閩南語的感覺其實是漠然的。我把這種情緒之源歸結為「本地豬屎不肥」，這又是一句閩南諺語，指的是本地的東西沒價值，與「外來的和尚好念經」相對應。有時，我對它甚至是牴觸的，不喜歡它的腔調，覺得很土。剛入小學初識字時，我恨不得就能馬上講一口普通話。

但隨著時間的推移，母語的光輝漸漸地讓我這個閩南女兒為上述種種心思而羞愧。

小時候，我們海邊小鎮經常能收看臺灣的電視，以華視信號最好。當然，那時看臺灣電視是偷著看的，得關門閉戶。華視有不少閩南語節目檔，中午有閩南語布袋戲，晚上六點半有歌仔戲，稍晚一點的時段有閩南語連續劇。我那時瘋看臺灣劇碼，更多的是因為它們的故事情節引人入勝，而對咿咿呀呀的閩南語腔是不喜歡的。不過，奇怪的是，過了二、三十年的今天，我腦子裡能記得的臺灣劇碼及細節基本上都是閩南語系的，布袋戲有《封神榜》，歌仔戲有葉青扮演的皇甫少華，連續劇有阿春和安安等主人公，回想那個時期的歌曲，最先想到的是江惠的《惜別的海岸》。我想，這可能與閩南語的語言魅力有關，生動而傳神，易懂而好記。

此種語言魅力，我在成為母親之後對之感受更深。每當我下班回家，孩子撲進我懷裡的第一句話是：「媽媽，惜惜！」每當夜半時分，孩子會在熟睡中夢語：「媽媽，惜惜！」「惜惜」，是閩南語，什麼意思呢？翻譯成普通話就是「媽媽把我抱在懷裡輕拍、疼愛」，你看，普通話長長的一句，閩南語用一個詞就能傳神表達，有環境、有動作、有情感。這幾天，他不知為何突然不到浴盆裡洗澡，只讓大人擦身，帶他的姨媽就對他念叨：「再

不泡澡，全身都是仙了」。「仙」，是閩南語，指的是身體上的污垢。普通話六個字才能表達的意思，閩南語用一個字就說清楚了。這麼的省字，閩南語中處處皆能感受到，比如「喬」，人事安排可用這一個字，整理衣衫也可用這一個字。

前幾年，我見到閩南語系的家庭，孩子卻不會講閩南語，很納悶，甚至怪這些當父母的都不講閩南語，孩子才沒有閩南語的語言環境。現在，當自己有了孩子後，我便能感同身受，想來有些錯怪人家了。為了讓孩子會說閩南語，我和他爸、他姨都堅持用閩南語對話，可奇怪的是，孩子普通話說得很溜，可閩南語基本上不會說，就會一個詞「惜惜」。

為了這個現象，我還在採訪廈門海滄區教育局長陸曉紅時專門請教了她，此時，她正大張旗鼓地在海滄中小學中推廣閩南語。她問：「你跟他對話時，用的是普通話還是閩南語？」「普通話。」我老實回答，雖然家人間對話都是閩南語，但我不敢用閩南語和他對話，擔心一會兒普通話一會兒閩南語，兩種語言會打架，讓孩子無所適從，不知該講什麼話好。陸曉紅大笑：「你多慮了。」她還以自己的親身經歷說明雙語不會在孩子那裡打架：陸曉紅的父親是南下幹部，說的是普通話，母親則是廈門人，說的是閩南語。小時候，她就在兩種語言環境中長大，不僅會講地道的閩南語，而且普通話也講得很標準，沒有地瓜腔，她現在還是省裡選調的普通話考官呢。

聽她這麼一說，我便有信心，在普通話十分普及的廈門，我的孩子，這個閩南小子，將很快會講一口地道的閩南語，而不只是一聲「惜惜」。

重土

2015/04

台農二代楊仁豪的家，就安在廈門集美區雙嶺村的山蘇花菜園子裡。當把《台海》雜誌記者熱情迎進簡陋平房裡時，他指著牆上掛著的工商執照，自豪地對記者說：「有沒有看到有什麼不同？經營者後面有個括弧注明『臺灣農民』，我們可是集美工商局認證的第一家臺灣農民個體戶哦！」

接著，楊仁豪對記者說：「在臺灣，只有成為農會會員才算是真正擁有了農民身分，這個身分到了大陸也依然得到官方認可。」

顯然，楊仁豪很為自己的農民身分驕傲。在廈門島外的集美、同安和翔安等區，分佈著許多從臺灣來的農民，他們在這些地方大面積地種植花草樹木、水果蔬菜，還養雞、養鴨、養鵝、養豬。早期來的農民，是第一代台農，後來，他們的子女甚至孫子，也都來了，台農二代在廈門逐漸形成，楊仁豪就是其中一位。他出生於臺灣農民世家，七年前，來到集美雙嶺村，和早先在此紮根的父母一起種植山蘇花，使山蘇花成為了廈門人餐桌上的家常菜。

除了常常以農民身分為傲外，台農二代身上的吃苦耐勞的精神，也常令我們心生敬意。20幾歲的林怡萱，研究所讀的是休閒管理，取得碩士學位後從事的第一份工作是城鄉營造研究。去年起，她來廈門同安協助父母管理養豬場，短短一年內，學會了養豬、為豬接種、跑市場。在豬場，她都管父親叫「林總」，為的是提醒父親和周圍人，她是養豬場的一名員工，而不是老闆的女兒。一年365天，林怡萱沒有一天休息日，她卻說「養豬，真好玩！」

台農二代與普通農民不一樣的還有一點，他們的農業知識更豐富、種養技術更先進、行銷理念更現代。他們絕大部分人都受過高等教育，有不少還是留學歸來的，有的還是專門為繼承家族農業而去攻讀種植業、畜牧業的。有的即便所學專業非農業，也是專攻過市場行銷、金融經濟等專業的，這些知識在現代農業發展中至關重要，因為，有種有銷，才能帶動更好地種。如台農二代劉國全，在集美後溪種植水果時，就聯合周邊農戶成立專業合作社，通過採取公司+農戶+合作社的模式，統一協調水果的採摘、收購、銷售，避免果農間惡性競爭，維護了果農的利益。

種花、種草、種果、種菜，第一要素是土壤，人的成長也是一樣的。究竟是什麼樣的土壤培植了與普通農民、草莓青年不一樣的台農二代呢？

台農二代的土壤裡，蘊含兩種非常重要的養分。

臺灣歷來重視農業，幾十年來從未停止過對農業的精耕細作和推陳出新，其農業水準位於世界前列，僅次於以色列。農會在農業的發展歷程中扮演著重要角色，參與到農業的技術研究和產品銷售，「有困難，找農會」是臺灣農民的共識，在廈門的台農，遇到難題，一樣回臺灣找所在鄉的農會尋求問題的解決。農民受到尊重，農業發展有前景，重農傳統深深影響著臺灣農民和他們的子孫後代，留在農門有前途，自然就不會想要跳出農門了。

因此，重農是培育台農二代缺一不可的養分。

其二，臺灣社會重視孝道。國民黨敗退臺灣時，除帶走黃金和人才發展經濟外，還帶走中華傳統文化培育社會，這成為臺灣騰飛的兩翼。中華傳統文化，特別講究孝道。子女對父母的孝順和尊重，還表現在繼承父母的事業。臺灣有不少年輕人，選擇大學專業時，會考慮家族需求，為子承父業而讀書的，不在少數；擇業時，他們中有一部分人會選擇回去繼承、弘揚家族事業，哪怕它只是一家小吃店。在我們採訪過的台農二代中，有一大部分人，起初只是因為父母在廈門便來玩玩，但來了以後，發現父母很辛苦，需要幫手一起來發展農業，在責任感的驅使下，留了下來，直至闖出一片天地。

「十年種樹，百年樹人」。從台農二代的身上，我們對這句話有新的認識。

小嶝

2015/08

外界對小嶝的認識，更多地局限在它是大陸距金門最近的一個島嶼，八二三炮戰在這個只有0.8平方公里的小島上留下了諸多痕跡；卻少有人瞭解，那密林深處隱藏著的建築奇觀，除了地道外，還有紅磚古厝。

同樣鮮為外界熟知的還有一個人物。說到「人物」，你一定會想起洪秀樅，這位榮譽等身的八二三炮戰雙槍手。哦，不！在小嶝島上享有比洪秀樅更高聲譽的人，他的名字叫邱葵，一位出生於1244年的理學家。宋亡元興時，邱葵隱居在小嶝島上著書立

說，還多次到金門傳播中原文化。

在小嶝島，我們多次被當地島民問道：「去過邱葵故居了嗎？」若答：「還沒去呢」，對方便會勸道：「要去！要去！」若答：「去過了」，對方便豎起大拇指點讚。

小嶝人引以為傲的邱葵故居，就是一座紅瓦紅牆紅地板的紅磚古厝。其實，嚴格意義上講，這座紅磚古厝不能叫「邱葵故居」，因為它建於明清期間，也就是在邱葵逝世幾百年後它才建成。但小嶝人還是把他的靈位請進了紅磚古厝，朝夕供奉。而今，與邱葵擺在一起的還有邱氏已故前輩的牌位。所以，邱葵故居理應為邱氏宗祠。

故居也好，宗祠也罷，不管哪種叫法，這座紅磚古厝儼然是以邱姓為主的小嶝人的精神寄託。從明清到民國時期，小嶝人就以宗祠為核心向四周建起一座座紅磚古厝，最後形成群落。

在廈門市翔安區，有不少村落，在其歷史演進中，如小嶝島一樣，以宗祠為中心，繁衍出紅磚古厝群。紅磚古厝聚落形成的模式，還有一種，就是那些到南洋做生意發大財的翔安人，在重土觀念的驅使下，回鄉建紅磚古厝。這類的紅磚古厝往往更豪奢，也更精緻。但不管是豪奢型的還是樸素型的，紅磚古厝都是以紅磚紅牆紅瓦燕尾脊為主要特徵，而且往往承載著聽來不同凡響的故事。

小嶝盛產紫菜，但你知道這裡的紫菜很長時間裡是在紅磚古厝裡交配的嗎？交配？紫菜是藻類植物哪來交配之說呢？就是在小嶝，我第一次聽說紫菜有公母之分。在紫菜收割第一水後，漁民們就會從第二水的紫菜中挑出等量的公紫菜和母紫菜，並把它們放進同一只桶裡攪拌，接著把整桶公母糾纏在一起的紫菜倒進紅磚古厝裡的水池，水池裡鋪滿扇貝殼，這些扇貝殼將成為紫菜交配的溫床。交配產苗期間，紅磚古厝的門窗必須緊閉，玻璃窗戶還要貼上厚厚的牛皮紙，以防止光與風進來。此時的紫菜儼然是怕羞的新娘。播種紫菜的季節到了，漁民們打開紅磚古厝的大門，如意料中看到了扇貝殼上掛滿紫菜苗，他們歡喜地挑起成串成串的扇貝殼，來到海邊，等著漲潮時，挑著擔子沖進大海，扇貝殼上的紫菜苗在潮水的沖刷下紛紛跑到了灘塗上的紫菜田。漁民們回到紅磚古厝，慢悠悠地等待新生紫菜的豐收。

登上小嶝，走進紅磚古厝裡，我們聽到了不少聞所未聞的故事。在翔安，除了小嶝外，還有9個成規模的紅磚古厝聚落，它們和小嶝的古厝一樣，關著一屋子的故事，等待敲門聲響起。

「嶝」，意為山上可攀登的小路，而「嶝」字前再加個「小」字，可見是更窄的小路了。再堅固的建築也難以抵擋流年時光的侵蝕，所以，保護紅磚古厝有時就如行進在「小嶝」中，但正如翔安區委常委、宣傳部長曾東生所言，無論這條小路有多難走，我們都要出發，走多了，路也就寬了。「小嶝」就成了「大嶝」。巧的是，在翔安區，有個紅磚古厝聚落所在的地方，就叫大嶝。

這個夏天，兩岸20位知名新聞攝影師及台海雜誌記者兵分七路，進入小嶝等廈門翔安區的多個紅磚古厝聚落。我們一路風塵，在抵達紅磚古厝門前，卻屏氣凝神，然後，莊重地舉起手來……

只有蟬鳴的聚落，敲門聲四起。

煮

2016/02

今年春節，號稱「史上最冷的年」。這個冷冰冰的天氣預報，如果出現在我小時候，母親一定會很高興，「天冷，吃的才不會變壞。」那時候，「吃」是所有人奔向「年」最本質的目的。難道現在不是了嗎？其實，本質並沒有改變。

年味是煮出來的。記得小時候，除夕倒推第七天，母親就開始做梳子餅，麵粉皮裡包著花生與白糖，糖是防止食物變質的好食材；除夕倒推第四天，母親接著炸五香與肉條，油炸也是防止食物變質的有效手段，像梳子餅，做好了，也要放進油鍋裡炸，

這一炸，可以放許多天；除夕倒推第三天，母親一大早就把豬皮切成長方形，放進瓦鍋裡煮，三個小時後，她用幾個大小不一的雞公碗分盛了熟豬皮，它們經過一個冬夜後，就結成了一碗碗的豬皮凍；除夕倒推第二天，母親煮的是雞鴨，煮熟的雞鴨，會被用繩子綁住雙腳倒掛在橫搭的晾衣竿上，在冷風中一搖一晃，風乾也是母親保鮮食物的方法；除夕當天，母親只需再炒一盆韭菜長壽麵、煎一碟韭菜海蠣煎，用煮雞鴨的湯下許多塊白蘿蔔，加上這七天裡做的梳子餅、五香、肉條、豬皮凍、白斬雞鴨，就成了年夜飯。這桌菜可不是一夜就要吃完的，還得剩餘給初二、初三、初四甚至初五。這就是母親為什麼喜歡天冷，大自然是一個天然冰箱，幫她保鮮了為全家準備的年味。

在母親製作烹煮各種美食時，我喜歡蹭在她的身旁，不時吸溜著鼻子，以飽聞陣陣美味。切蔥頭時散發出的味道常常嗆得我眼淚直流，而炸五香、肉條和梳子餅的油鍋飄出的香味最是濃烈，真是沁人心脾啊。蹭在煮年味的母親身旁，除了能滿足味蕾外，還能取暖。家裡有個大灶，燒柴火的，拿把小凳，坐在灶前，幫母親添柴火，看著灶膛裡的柴火嗶嗶叭叭地燒著，陣陣暖意頓時傳遍全身。

「吃」，不僅讓我們果腹，更能讓我們享受到精神上的飽足感，這與小孩子一吃甜食就十分愉悅是同樣的道理。我的好朋友、澎湖著名女攝影家張詠捷，十年前出版了她的第一本個人專著，書名為《食物戀》，圖文並茂地記錄了澎湖那些即將失傳的美食。她曾三次獲得臺灣新聞金鼎獎，有許多優秀的新聞攝影作品，人們對她的第一本專著是食物志而非新聞攝影作品集，感到詫異，她早早料到大家會有這些疑問，便在書的封面回答了：「這不只是一本滿足口腹之欲的飲食書，大蛤包飯是對睡在墳裡祖先的追念，米豆湯裡有阿公搏命為妻兒的冒險故事，紫菜湯教人不要忘記媽媽的家……」在她的眼裡，每一道菜都盈溢生命的況味，也承載豐厚的生活文化。這就是美食的附加值，它遠遠超過了美食本身。我曾多次到澎湖，分別領略過這個擁有99個島嶼的群島的夏冬風情，至今回味無窮的就有它的古早味——黑糖糕，當咬了第一口時，我便情不自禁想起了母親，母親也是做糕點的能手。

而今，年味一年比一年淡，實際上是因為美味一年比一年流失。很難想像，遍地美食的寶島臺灣，很多人的年夜飯就是一個火鍋加幾條香腸。而我們閩南地區，像母親那樣用七天時間來一點點地為全家攢年味的，已經少之又少了。為什麼呢？有人說，生活好過了，美味不再集中到春節那幾天，而是稀釋到一年365天中。也有人說，古早味含糖重鹽多油，不合乎現代健康理念，人們也不再那麼期待了，甚至是排斥的。但我想，主要原因是，機械化、流水線式的現代生活讓我們變得躁動不安、急功近利，缺乏平心靜氣的等待和細煮慢熬的耐心。

「煮」字，底下四點水，有時看起來又像四道火苗。煮食，需要水，也需要火，食物的美味能否完全釋放出來，就在於水與火的商量，即火候。水多火小，食物會變老；水少火大，食物會燒焦。水和火如何商量得恰恰好，憑藉的是不怕繁複的耐心。

煮字、煮酒、煮婚姻，乃至兩岸問題，考驗的，一樣也是手藝與耐心。

咖啡香

2016/04

我不愛喝咖啡，但我愛咖啡香。

平時很難入睡的我，居然在台北的一家咖啡吧裡睡了一個下午，伴我入眠的就是一屋子的咖啡香。

在走進這家咖啡吧之前，我和同事在臺灣的田間地頭起早貪黑採訪了了十幾天。結束採訪行程後，我們要搭晚間的航班回廈門，因為搭的是松山機場的飛機，下午有時間，便計畫就近逛逛松菸文創園區。松菸文創園區的前身是松山菸廠，建於日據時期，一直生產到1998年，停產後被作為古蹟保留下來，並被活化為文化園區，有許多文創作坊，並常有高水準的藝術活動。

松菸小賣所是我扣開松菸文創園區的第一扇門，門後有文創展示平臺，有復刻歷史的記憶區，更有濃郁的咖啡香。粗礪的水泥柱，生銹的窗櫺，幾套陳舊的桌椅，離時尚很遠，距歷史很近。我在最不起遠的角落坐下，把目光一點點地放進了它的一磚一瓦，靜靜地閱讀它70年的捲菸史，有時，我又像一隻饑腸轆轆的狗兒，哧溜著鼻子，吸著濃郁的咖啡香混搭著清淡的菸草味。

……我睡著了。醒來後，時光已指向黃昏。十幾日奔波累積的厚厚倦意，在我睜開眼的瞬間，倏地消失了。一個下午，我沒有點一杯咖啡，也沒有人來打擾我的清夢。在這個以「小賣所」命名的咖啡吧裡，我什麼都沒買，走時卻帶走了很多。

難怪台北摘得了「全球十大最佳品嘗咖啡的城市」之桂冠。截至2015年底，台北擁有3271家咖啡館，每平方公里擁有62.93家咖啡館。走在台北街頭，隨時與咖啡館相遇。在一些街頭巷弄，未見咖啡館，已聞咖啡香。你點一杯咖啡，可能收穫的就是一個故事。

不僅大都會的咖啡館如此，鄉下田間地頭的也一樣。我在台東縣池上鄉的稻田裡，就遇到過這樣一位咖啡達人。他把咖啡館建在了稻田邊，坐在咖啡座，放眼望去田田稻穀，微風送來，

FASHION

有咖啡香也有稻穀香。這位叫陳秋榮的58歲男人，在台北當了許多年室內設計師後，攜妻返鄉，回到池上開咖啡館。他是個咖啡控，當設計師時就把咖啡界的所有證書考全，包括全世界僅有3000多人獲得資格的咖啡品鑒師。返鄉路上，他從台北到台東喝了許多家咖啡館的咖啡，滿意的很少，於是，回到池上，就立志開精品咖啡館，為客人做最好的咖啡。在客人中遇到喝咖啡的知音，他開到天亮也樂此不疲，而假若遇到的是咖啡盲，他便關門謝客。他把咖啡館取名NO.9，除了因為自己屬狗，在閩南話中，「9」與「狗」同音，還因為9bar是咖啡機在萃取濃縮咖啡時的最佳壓力值，可見陳秋榮對精品咖啡追求之極致。

無論是位於台北大都會的松菸小賣所，還是位於池上稻田邊的NO.9，它們都有一個共同點，那就是硬體裝飾極少，松菸小賣所保留了菸廠室內結構的原貌，柱還是那根柱，牆還是那面牆；NO.9就是一家農舍，紅磚砌成的牆，石板搭成的屋頂，主人連一抹灰都不塗。硬體粗礪，而粗礪的硬體承載起的卻是精緻溫軟的內容，要麼咖啡精到，叫人回味無窮；要麼氛圍放鬆，叫人流連忘返；要麼故事動人，叫人欲罷不能。這就好比寫一篇文章辦一份刊物，勝出的永遠是文章與刊物的品質，而不是用於寫這篇文章辦這份刊物的書桌或報社有多麼的氣派。

最近十年，臺灣咖啡達人紛紛登陸廈門。劉進安就是一位從臺灣到廈門種植咖啡樹的台農，他和妻兒用了八年的時間在翔安山區開出一個占地900畝的農場，農場開始盈利，但劉進安一家人都不敢懈怠，照樣日出而作日落不息，因為他們要建的是令家族世世代代感到榮耀的百年農場。不為所謂的身分，只為心中認准的，是很多臺灣人做事的特點，咖啡達人也是。

萬般辛苦，只為，一縷咖啡香。

樹

2016/10

在颱風肆虐時，人，躲進屋裡，門窗緊閉，以靜制動，想必是最好的抗颱風方式；而樹呢？往往是樹欲靜而風不止，樹越大，越招風。

「莫蘭蒂」風災那晚，躲在屋子裡的台農謝碩章、黃鴻猷、詹景童，一夜無眠，牽掛著他們的楊桃樹、檸檬樹、柚子樹。平日裡，他們像養育孩子一樣，養育著這些樹，所以，颱風夜的每一陣樹倒的聲音，他們聽來都心痛如絞，彷彿自己的孩子被巨人的巴掌打翻在地又踩上一腳似的。回到臺灣過中秋節的陳秀瑜、陳岱明姐弟倆，看似躲過現場一劫，而事實上，美格農藝一夜間樹倒千棵，他們隔著海峽鞭長莫及，更是心急如焚。可如果留在田園裡就能扶起或被連根拔起或被攔腰折斷的樹了嗎？台農二代楊仁豪，他就住在山蘇菜地裡的農舍裡，隨時可以照料他的蔬菜，可結果卻證明了，他不僅對被千般蹂躪的山蘇無能無力，而且連自己的小命都差點賠上，在屋頂塌下的前一刻，他逃出遮身的農舍，不顧一切地開車衝出田野，在逃亡的山路上，不斷有樹木和電線杆倒下，幸運的是，他一一躲過臨頭大禍。這時，他幡然醒悟，撿回一條命，比扶起千棵樹，重要太多，或者根本不得比。

在台農牽掛著樹、果、花、草、菜、豬、鵝時，我們《台海》雜誌記者卻牽掛著台農，牽掛著鵝公、樹爸、果媽、菜哥、花姐。颱風過後，我們出發了，進深山老林，到偏鄉田園，探豬圈鵝舍。車子進不了山，我們求機車載；電話打不通台農，我們直接摸索到果園裡、豬圈前，深一腳淺一腳來到門前，只見昔日風光的招牌，要麼耷拉在門邊，要麼倒在泥濘裡。

風，吹走了他們的瓦，吹倒了他們的樹，吹掉了他們的果，吹落了他們的花，吹懵了他們的豬和鵝。台農卻用所做的一切，告訴我們，只要結滿老繭的手還在，另一個春天就不會遠。

他們敬畏自然。不管颱風會不會登陸，他們都規規矩矩地修剪過大的樹冠、加固可能漏風的屋舍，利用人們議論鄭爺爺是否搏餅去了的時間，做好一切防颱抗颱準備。這些早在臺灣身經百戰無數風浪的台農深知，人無法勝天，鄭爺爺也一樣勝不了天，與其指望颱風轉向，不如老老實實做好迎接它的準備。

他們不等不靠。70歲的鵝公江清銀坐颱風後復航的從台中飛來廈門的第一班飛機，從機場輾轉回到了位於集美區偏僻之地的雙嶺村，第一件事是開始自救，員工不解：「如果過後政府要發放補償款，看我們修復得差不多了，以為我們受災不重，不是直接影響了補償款的數額嗎？」江清銀聽了很生氣並嚴厲地批評員工，這位平生經歷過八七風災、韋恩颱風和921大地震的老人，很清楚：「如果自己都不自救了，誰還會來救你？」

他們自救有術。修復房舍，讓員工住好吃飽，是所有受訪台農自救的第一件事。軍心穩定了，接下來，台農們會快速地制定細緻的自救分工：誰找水源，誰去租推土機，誰去買發電機，誰扶正樹木，誰來防疫，誰燒水做飯保障後勤……老婆兒子孫子也都要和員工一起承擔起自救的任務。還有，要有針對性地解決最重要的問題。比如，美格農藝倒了千棵樹，他們就專門從臺灣請來樹醫生，療傷治樹，這支醫生團隊，曾在八八風災後因成功地搶救了台東池上鄉的金城武樹而聞名。

他們樂觀前景。自救重建尚未接近尾聲時，台農黃鴻猷已把心思轉到了檸檬的研發工作中，他種的香水檸檬，沒怎麼推廣，就已遠近聞名，因為吃過的人口口相傳，比什麼推廣都管用，所以，他更堅定了「酒香不怕巷子深」，把精力都花在研發上，因而也就沒有時間為那些落滿地的檸檬難過。本次受訪的台農都損失慘重，但沒有人抱怨，他們對農業時常要應對天災顯得十分坦然。受訪時，台農們帶著記者看了災情後，坐下來，往往就會很快轉換話題，胸有成竹地描繪未來要怎麼發展，彷彿風災已成過眼雲煙。另外，不少台農還表示，要關掉在臺灣的農業基地，專心在廈門發展，因為風災中廈門人在災害後的互幫互助、頻送愛心，讓他們倍感溫暖、安定。台農把政治穩定看得比氣候穩定更重要。

的確，樹，無法像人那樣躲進屋子裡避風，它們只能在無遮無攔的曠野中迎風，或者站立或者倒下，而生死的關鍵就在於它們的根系，紮得深的，彎彎腰，又站起來；紮得淺的，可能一刮就倒。臺灣精緻農業經過數十年的研發、耕耘、歷練，不僅長成參天大樹，而且形成了十分成熟的根系，當它們遇到廈門的土壤時，根紮得更深更深，所以，「莫蘭蒂」只能摧毀台農的田園，而撼動不了他們的農業。

沙坡尾

2016/11

即使過的是漂泊不定的海上生活，疍民還是希望他們的子女能上岸接受學校教育。於是，中國第一所由漁民集資創辦的小學出現在廈門港的廟宇裡。那是1920年。

1920年代的廈門港漁業盛極一時，沙坡尾成為千船萬帆在廈門鬧市中惟一的避風塢。那些捕魚、吃住都在船上的漁民，便有了疍民的稱呼。把學校辦在哪裡？疍民很快取得一致，就設在了位於沙坡尾供奉漁民之信仰池王爺的廟宇—龍珠殿的一樓。

漁民從漁獲收入中取出千分之八交給校長，作為辦學資費，豐收年交多了，校長就存起來以備學校未來擴充之需。學校課程的設置也頗值得一提，除普通各科外，還在高年級每周加授水產功課三小時。疍民深知，授子以漁甚過授子以魚。

疍民視教育與信仰同等重要，每回上岸，先到樓上的龍珠殿向池王爺請安，接著就到一樓的小學拜謝老師和看望自己的孩子。學校的師生數一般維持在這樣的規模，教職工十多人，學生二三百人。學校培養出的學生，大部分成為捕魚能手，但在其他領域成績顯赫的也有，比如文史專家洪卜仁，88歲了，還研史不斷，酒量不減。

這所名為弘農小學的疍民子弟學校，解放後改名為漁民小學，最後併入廈門思明小學。

漁民小學不在，但龍珠殿還在。龍珠殿在「文革」期間也一度被毀，乩童阮過水夜裡撐船偷渡到金門，在那裡建了一座「廈門龍珠殿」，延續廈門港香火，並於上世紀80年代末，又偷偷把池王爺神像從金門繞道臺灣和香港，送回了沙坡尾。他在沙坡尾買了座三層樓，把池王爺供奉在了三樓。雖藏身於最頂樓，但龍珠殿香火卻愈來愈旺。儘管疍民早已上岸，他們的身分已日漸消失。但老廈門人對池王爺的信仰依然不減，一家三代一起來拜拜的，並不少見。我們到龍珠殿採訪時，信眾紛紛說起莫蘭蒂風災那夜，殿門被大門推開了，但門聯沒破，桌上的供品如水果鮮花，紋絲不亂。他們當夜原本以為池王爺神像肯定被刮到海裡去了，第二天一大早就著急要到海裡撈神像。

行走於沙坡尾，隨時邂逅與「漁」元素相關的建築。魚碼頭、魚市場、魚凍庫、魚倉庫、魚加工廠……而今它們原有的漁功能已不復存在，卻在新的創意中活化過來。魚市場變成了中華兒女美術館，有多少海內外書畫名家曾在這裡辦展，昔日的魚腥味已被油墨香替代；魚加工廠變成了藝術西區，藝術西區裡的魚凍庫，被兩位德國人租下來開酒吧，凍庫裡的所有設備被完整地保存下來，包括碩大無比的氨氣管和一個又一個的電錶。德國人並不覺得它們占位置，「倚靠著這些大傢伙，喝著扎啤，是件愜意無比的事。」魚倉庫也迎來了一對臺灣姐妹花，沒怎麼變就成了休閒吧，並有了新名字「9果」。她們從臺灣請來了設計師，盡可能使用倉庫的物件，「一磚一瓦都不能去破壞它，當初一眼看上的就是它們的古意。」女老闆單霄甯說。為什麼取名「9果」呢？「我們都是基督徒，希望帶給大家聖靈九果，包括仁愛、善良、喜樂……」

疍民上岸後居住的騎樓，也往往成為創意者活化的對象，台二代王道弘在走遍大陸各地後，最後落腳在沙坡尾的騎樓裡，開始他「蒜花煮意」的美食冒險。那前街後溪的竹竿厝，擺不開闊大的排場，但走進去，深邃的歷史就在眼前逐次展開，而盡頭是大海。

也有疍民後代堅守著騎樓店鋪，經營原始的手藝。開剃頭店的，座椅、工具全是老把式的，生意上門了，精心把客人侍弄得舒舒服服；生意走了，倒在長竹皮椅，蹺起二郎腿，聽歌仔戲「陳三五娘」；開日雜店的，賣的是木充竹篩，「我這裡賣的，你整個廈門都找不到第二家店。」九旬主人得意地說，看得出他為自己能賣這些絕貨而自豪。

歷史與現代、本土與外來、古意與創意、包容與開放，走進沙坡尾，彷彿一下子打開了好幾個時代，它們層層疊疊，交融呈現，斑駁，卻又和諧。

其實，沙坡尾只是廈門思明區的一個縮影，只是兩岸30位攝影家48小時聚焦幸福思明的一個點，只是我們走進這座城區的其中一扇門。

作為最能體現廈門市既內修又開放的城區，你隨便走進思明區的哪個角落，打開的就是一本書；從哪一頁翻開，你都有興趣讀下去；倒著讀、順著讀，隨你便。讀著讀著，你便會明白，為什麼絕大多數世界五百強的在廈機構都會選擇落戶思明區，不只因為思明區的經濟實力，更因為思明區的文化自信，而那是「更基礎、更廣泛、更深厚的自信」。歷史，對思明，不是包袱，而是錦囊。

你可知，早於1922年，在沙坡尾，廈門姑娘阿玉就和她的丹麥籍丈夫，建造了木帆船「廈門號」，並帶上9歲兒子出航，開始橫渡太平洋……

第三章

此岸・彼岸

已經抵達廈門的嚴孝頤，

徜徉在大陸提供的寬敞的市場空間裡，

同時也將面對很多差異性。

這位一次次攻克技術難題的理工男並不怯場，

他說：

「臺灣海峽就好像一面鏡子，

對岸一定生活著一個和你一樣的人。」

接船

2011/01

2011年元旦，一大早，我就和同事一起到廈金航線東渡碼頭接船，接的是來自金門的「金星號」，這是2011年從對岸駛來的首艘客船。而早在「金星號」從金門水頭碼頭起航時，我們目送了「五緣號」向金門駛去。

這個發生於新年第一天的接船，其實對我已不是什麼新鮮事。

但是，不新鮮並非壞事。

記得兩年前，我對接船可是新鮮得很的。那時，因為工作崗位的變動，我的臺灣朋友逐漸多起來，於是，我開始三不五時地到東渡碼頭接船。

第一次接船的對象是臺灣大學客家文化考察團，直至今天，我都清晰地記得自己那天穿哪套裙裝，著哪雙皮鞋，挎哪款包包，可見，當初是十分在意這趟接船的。候船時，我腦子裡一直翻滾著友人從對岸踏波而來的情景，可謂表面安靜但內心澎湃不已。

當友人出現在關口時，我快步迎上去，兩人略一遲疑但很快雙手緊握，從對方的眼神中，我們都讀到再見的不易與欣喜。

朋友帶來的七、八位臺灣教授全都第一次走廈金航線。為了紀念這次接船，我們排成一排，在候船大廳留了影。這張照片，我們每個人至今都還珍藏著。

此後，我還接過不少從這條線上走過的政要和友人。

就政要而言，有意思的現象是，越是早走這條線的，越是受到「長槍短炮」的包圍，越往後面，這等禮遇就慢慢變薄了。早些時候，我們去接一位從台中來的官員（但不是胡志強），從下「捷安號」的那一刻，他就被包圍得嚴嚴實實，大陸媒體對他表現出的熱情之高令他受寵若驚，在臺灣，他從未被這麼關注過。可是，如果他最近才來，肯定沒法如此吸睛了。還有，記得海基會副董事長高孔廉第一次走廈金航線時，消息被保密到他快登岸時才釋放出來。當我們像飛人一樣急落東渡碼頭時，他正好通關出來，大家都說謝天謝地人還沒走。換到現在，記者就有可能更早地獲得消息，從容地接船了。

而對友人呢？接船的次數慢慢變少了，接起船來也不再那麼鄭重其事。有時，早晨接到台北朋友的電話，說要過來看看我，我說好啊好啊，但該採訪時仍去採訪，該開會時仍去開會，內心波瀾不驚。中午，他們到了東渡碼頭，打電話報告已到達，我說到報社來吧，和我一起吃食堂。我全然忘記友人是跨越海峽而來的，彷彿他們是我的漳州老鄉。接船，更是免了。

不是我變得薄情寡義，而是，愈是親的人愈不講禮數，愈是親的人愈是以平常心待之。

元旦那天，廈金航線上船來船往的客人，有的是到廈門買了紫菜、香菇要回金門的；有的是回廈門的金門人，他們在廈門也有房子，也有一個家。無論去的，還是來的，對廈金航線除了一直說很方便之外，就掏不出更多激動言辭了。這條線，他們無數次地來回，比我更沒新鮮感。

對著來來往往的平常人，我的同事有些煩惱，新聞在哪兒？

我對他們說，平靜、平常，也是新聞。

送禮

2011/03

在台胞最主要的祖籍地漳州，在一年一度的「兩會」進行時，許多人大代表和政協委員於會議間隙翻閱《台海》雜誌2月號。《台海》雜誌怎麼跑進「兩會」代表委員的資料袋裡了呢？

原來，有位人大代表訂了近千份的2月號，作為禮物裝進了各位代表的資料袋裡，聽說這禮物備受歡迎，在人大代表報到的那天下午，就不止一位人大代表打電話興奮地對我說：「看到你們雜誌了！」

《台海》雜誌作為禮品的形式出現已不是第一回，廈門「九八投洽會」、海峽論壇等重大場合經常能看到它的身影，但由一位讀者訂來贈送給人大代表和政協委員，這可是頭一遭。

送禮，往往能幫助贈送者向受贈者表達願望與傳遞資訊。這位贈送者為何要花一筆不小的開銷來訂千份《台海》送人呢？預訂時，她透露想讓各位代表和委員多瞭解臺灣。這位女代表是位漳州有名的茶藝師，前不久，她剛剛與臺灣茶藝師一起研製出適合兩岸口味的紅茶，興許她由此切身感受到瞭解臺灣對發展漳州很重要。

台商陳先生反過來希望臺灣島內的親朋好友瞭解他所生活、創業的閩南地區，他琢磨了很久後，最終選定送《台海》雜誌。而家住長泰的連先生已連續兩年整年訂100多份《台海》，每個月有50份以上用來送給臺灣的將軍和宗親。

送禮的學問，貴在投其所好。如果受贈者不喜歡，這禮物不僅添不了彩，而且添了人家的堵。據採訪漳州「兩會」的記者說許多人都在翻閱，這種爭相閱讀的場面，想必讓那位女代表樂開懷，她的禮物送得很濃情、很蜜意。與之相反，陳先生、連先生等人送的禮物流露出來的情誼卻如涓涓細流，那些受贈者，每隔一個月就會小感動一下，在《台海》每月漂洋過海準時敲開他們的家門時，每位受贈者一定會情不自禁地想起在對岸的贈送者。禮物的效力以這樣的方式長年累月地發酵，固定在每個月的那一天冒出情感的泡泡來。

讀者都把《台海》當做禮物來傳遞情感，編輯部就更不例外了。我們贈送的人有馬英九先生等臺灣政要，也有中南部的果農。有時，我們也會擔心，這禮物跨越海峽到達臺灣，能不能真的到受贈者手中？會不會石沉大海呢？直到我有次在南京遇到國民黨副主席曾永權先生，這個擔心才被放下。那天，曾永權見到我的第一句話就是：「阿月，我每個月都會看你的雜誌哦！辦得很好、辦得很好！」

我聽了很開心，並不是因為曾永權先生說雜誌辦得很好——我深知這是句勉勵的話，包含更多的是他的期許。我開心，是因為我終於可以放心了，禮物如期而至受贈者的手中，善意、親情沒有被落在海上。同時，我也更上心了，怎麼樣才能讓禮物一年年一月月送下去，每次都有驚喜與感動呢？

《台海》雜誌又改版了。每一次改版，我們都希望離贈送者與受贈者的願望更近些、更近些。

來往

2011/06

海峽論壇轉眼到了第三屆，對岸許多朋友又會踏波而來。他們來大陸真方便啊，就像幾十年前的海漂、空飄一樣，想上岸就上岸，想著陸就著陸。

在互罵「共匪」「蔣匪」的歲月裡，兩岸民眾完全隔絕了嗎？不，海漂、空飄就載著對岸民眾的情感來來往往。

那時，我家就在臺灣海峽邊上的一個小漁村，一覺醒來，海邊的沙灘上就可能冒出從對岸漂來的漂流物，我們叫它海漂。誰家缺肥皂，孩子們想吃糖果，就往沙灘上站一會兒，說不定塑膠罐就漂到你的腳下了。那些塑膠罐五顏六色、有方有圓，旋開來，有的裝著香噴噴的香皂，有的裝著甜絲絲的糖果，還有的裝著鄧麗君的玉女照。幸運的話，有時能撿到裝著手錶的。

而空飄呢，就是空氣球，下面懸掛著收音機、餅乾等東西，有時一下子飄來好幾個，我和小夥伴們仰著頭追啊追啊，從這個小山頭追到那個小山頭，直到那氣球被掛在某個樹枝上或飄得無影無蹤，才開心或悻悻回家。

村民們把「海漂」、「空飄」裡的「反攻大陸」的傳單偷偷地燒了，但禁不住誘惑地享用裡頭的物品。空罐也被保存了下來，因為太結實太好用了，可裝東裝西，那幾年，我們村子裡家家戶戶的肥皂盒都是一種款式的。自家用不完的，就送給不住海邊的親戚，他們歡喜得很。

罐子雖小，卻不知不覺成了村民們觀察對岸生活的萬花筒，他們偷偷地交流著對岸那邊的評判：「臺灣同胞可能不是生活在水深火熱之中。」

漁民們當出海撈到電視機時就更堅信了這一點。他們把電視機賣了，掙到的錢可能比賣整船魚來的多。在漂流的途中，電視機也可能進了海水，但請人修一修換個零件就能收看。我家是村子裡最早有電視機的，那台12寸、外殼金黃色的電視機就是從漁民手中買來的臺灣貨，它可以說是海漂中最貴重的。

電視機又幫助我們進一步瞭解臺灣同胞的生活。漳廈海邊都能收到臺灣電視節目，那時，臺灣很興播電視連續劇，每當夜幕降臨，村裡許多人就會聚到我家院子，等著大姐把電視機抱出來「公映」，看臺灣電視成了村人在勞作一天後的最大享受。

許多電視劇講的都是臺灣同胞為生活打拚的故事，很感人。劇名現在記不住了，但有兩個角色鼓舞了童年的我，所以印象很深。一個是小女孩，叫阿春；一個是小男孩，叫安安，他們都是年紀小小就失去父母或遠離父母，受盡歧視與貧窮卻堅強成長起來。30年過去了，我還時常想起阿春和安安，他們的扮演者與我年齡相仿，不知現在生活如何？我到臺灣時曾有過尋找他們的衝動，但因為無法自由行，很不方便，只好作罷。

第三屆海峽論壇召開在即，我不禁寄希望於，能否在這個兩岸民間交流的最大平臺上與他們相遇。不是不可能，在前面兩屆的採訪中，我們就不止一次地見證到這類奇蹟的發生。我在首屆海峽論壇上認識的一位年長朋友，竟然就是當年專門製作「海漂」、「空飄」的攻心宣傳品的。我們笑談當年，我對他打趣：我雖年紀小，但意志堅，總算沒被你攻下心來。

我反過來也問這位朋友當年有沒有撿到大陸送出去的「海

漂」、「空飄」，他說幾乎沒有，因為受臺灣海峽洋流及風向的影響，大陸的禮物很難漂到臺灣的海邊。

現在的兩岸往來，與當年的海漂、空飄何其相似，來易往難啊。

這種不對稱的來往，何時改變呢？好客的臺灣同胞！

底色

2011/07

海峽兩岸對歷史感興趣的人曾爭論過抗戰時的一個細節，國民黨軍官在前線是否戴白手套、喝紅酒。別小看這個細節，它關係到國民黨軍隊在抗戰中的歷史作用，也就是他們是在英勇殺敵還是在養尊處優？

看看從抗戰前線發回的新聞照片不就一目了然了嗎？一圖勝千言。歷史是人寫的，而新聞圖片是機器拍的，很多時候，機器比人更真實，至少機器不會自己在歷史的底色上塗抹各種色彩。

當然，機器也是人支使的，比如那張臭名昭著的「鴿子飛過北京天空」的照片，就是攝影記者在後期製作時拿滑鼠捉了只鴿子放進圖片裡的天空。當然，六、七十年前抗戰時期尚沒有電腦合成技術，我們寄希望於新聞攝影師即便有心做假也無力去添上或褪去那雙白手套。

但不是後期合成的照片就一定能真實反映客觀世界嗎？很多人一定不會忘記那些吹捧畝產萬斤的照片。孩子們躺在稻田上，稻株都不會彎下去。真相早就大白，那時的村幹部命農民把好幾畝稻田裡的水稻合併在一丘田裡，供新聞攝影師拍照。

同一時期的對岸也有過這類糗事，差別就在於動作小些、危害少些。臺灣向大陸送去的空飄與海漂中總有展示幸福生活的照片，照片裡的串串葡萄、碩大高麗菜，就都是真的嗎？不！當年的攝影師，找不到擠擠挨挨的葡萄時，就剪下幾個孤單的葡萄串，繫在一起，拍下來；高麗菜，其實跟大陸的差不多，攝影師就用廣角貼近拍，照片裡的高麗菜便顯得碩大無朋。他們以當年習以為常實際也是造假的方式，向大陸同胞誇大了臺灣的幸福生活。

自揭傷疤的是臺灣攝影師王國明，他年輕時服務軍旅，拍的照片專用於對大陸宣傳品。2011年7月1日，他跨海前來參加第二屆台海新聞攝影大賽的「24小時拍攝廈門」活動，坐在台海雜誌社的編輯部，笑談當年糗事。其實，早在2009年，他參加首屆台賽的「兩門互拍」活動中便無意中撞見了當年自己製作的宣傳單，那是在大嶝戰地紀念室，裡頭陳列著許多反映兩岸關係的物品，其中就有從臺灣空飄、海漂而來的王國明拍的照片。此情、彼景，王國明萬般感慨。

這位當年打大陸攻心戰的戰士，如今卻成了促進兩岸民間交流的推手。在兩岸關係實現180度大轉變時，王國明像無數人一樣實現了精彩轉身。7月1日那天，他送來連戰的親筆題詞：「聚焦兩岸、見證交集，祝台海新聞攝影大賽越辦越好！」這幅題詞是王國明向連戰面呈台賽意義的結果，他說：「看你們這麼少的人，在做這麼大的事，我就想幫你們。」是的，我們的團隊很小，但我們的野心很大。我們辦的台賽，已創下兩岸新聞攝影交流史的多個第一，比如兩門互拍（大陸攝影師拍金門，臺灣攝影師拍廈門），現在還經常被提起，2009年10月23日，當率大陸攝影師第一次進入金門雷區拍攝時，我便有種書寫歷史的自豪。

每辦一屆台賽，我們都會把獲獎作品結集成冊，圖書比光碟將會留存更長久。一冊冊疊上去，又一幅幅展開，在人們面前呈現的實際上就是新時期的兩岸關係史。

因存有這樣的雄心，我們不能容忍一張假照片的流入。早在首屆台賽籌辦階段，我們已把中國新聞界反假照片的泰斗蔣鐸請到了廈門當評委會主任，這位曾以辭去中國新聞攝影學會副主席的毅然之舉來表達對假照片零容忍的攝影家，像黑面包公，守住台海圖片大門，對假照片斬無赦。

這些囊括當今台海新聞熱點的照片，許多年後，便是我們的後代眼前的老照片，我希望，他們翻閱時，看到的是真實的歷史底色，而不必為戴白手套、喝紅酒這樣的細節爭論不休。儘管那時，恐怕誰也不會提起這家小小雜誌社裡的這幾個人。

伴手

2012/10

踏波而來的臺灣朋友往往會帶兩隻行李箱，一隻，當然裝著衣物等生活用品；另一隻，又裝著什麼呢？

一位深交多年的臺灣朋友上岸後，在我面前打開了那另一隻箱子，台北的鳳梨酥、新北的鐵蛋、台中的太陽餅、阿里山的高山茶、台南的黑芝麻……臺灣從北到南的名特產都裝進了他的箱子。在大陸稱之為「特產」的，在臺灣有一個別致的名字——伴手禮。伴手，伴手，隨手帶著，很隨意，又很親切。

朋友下榻酒店後，每出一次門，他都會帶伴手禮，見了朋友，送上，禮輕情意重。箱子空了，他的心意卻滿了。心滿意足地回到臺灣，下回出島時，他照樣會把那另一隻箱子裝滿。

臺灣朋友對伴手禮的重視程度有時超過穿衣打扮，儘管他們一向講究著衣禮儀。一位臺灣新聞界的朋友，每次到廈門時，都會給我們帶伴手禮，玫瑰石、果子酒、香肥皂、花貝殼……四年裡的伴手禮無一重複，而他的那件條紋襯衫穿了一次又一次來。如何款待他的真情厚意？到我的書房一看便知。肥皂，我捨不得洗；酒，我捨不得喝，這些跨海而來的伴手禮被一一收藏在書架上，每日可見、時時可感。

回想收到第一份伴手禮的情景還是那麼暖人心窩。那是五年前，我採訪一位臺灣大學的教授，兩人談得很投機，採訪結束時，他說「為了這次相識，我一定要送你個禮物」。說著，他打開了那只箱子，取出了一個包裝精美的盒子，又說「這是最後一份了，原來準備要送廈大一位教授的，你是新朋友，先送你；他是老朋友，等下回。」我滿心歡喜地收下他的禮物，坐公車回家的路上，一直在猜測這是一份什麼樣的禮物。回到家裡，從漂亮禮品袋裡取出盒子，才明白原來是鳳梨酥。這些年，我經常吃鳳梨酥，就怎麼也沒有第一回甜美。

但是，收到伴手禮也有我的煩惱。來而不往，非禮也。我經常

為要回什麼禮給朋友發愁。在廈門，能夠與臺灣伴手禮在內容品質和包裝格調上相媲美的伴手禮，並不很多。

於是，我這個不懂做生意的人便想，在廈門，如果有人肯沉下心發展包裝創意產業，肯定會發大財。臺灣統一超商原董事長、流通教父徐重仁談自己的創業經驗時說，社會缺什麼我們就做什麼去補足。不斷為社會問題尋找出路，是臺灣企業能夠不斷創新、找到新商機的能力。

當吃著香甜的鳳梨酥，佩戴精美的玫瑰石，我們是不是也該問，那只伴手而來的箱子，裝的除了伴手禮和朋友的情誼外，還有些什麼是我們急需的呢？

減憾

2012/11

兩岸60多年時光裡有不少憾事，其中就有這麼一樁。

「八二三」炮戰肯定是件大憾事，但在這件大憾事裡，還有更令人扼腕歎息的。

戰事發生那會兒，能有機會到前線的攝影記者，雙方都是為數很少的。姚琢奇就是其中幸運的一個。提起姚琢奇的名字，兩岸保釣人士都會肅然起敬，作為首位登上釣魚島的臺灣攝影記者，他的壯舉被很多人傳頌。但很少人知道，他同時還是在「八二三」炮戰中離火線最近、新聞照片拍得最好的攝影記者，當時，臺灣多家報紙都紛紛用他拍的照片。

戰爭結束後，姚琢奇把所有拍「八二三」炮戰的膠卷鎖進了保險箱，可見其意識到這些膠卷有多麼的珍貴。但時光之劍的鋒利，足以把人最想牢牢記住的那部分記憶削得片甲不留。走進花甲之年的姚琢奇把那些膠卷忘得一乾二淨了，更不可能在退休時向他所供職的臺灣中國時報作個移交。

兩年前的一天，70多歲的姚琢奇突然想起了那個保險箱。他急急忙忙打電話給中國時報圖片中心主任黃子明，問保險箱還在嗎。黃子明一臉錯愕，他從來就沒有看過什麼保險箱，而且中國時報經過了兩次搬家，圖片中心大櫃小箱的位子早已乾坤大轉移，連個保險箱的影子都沒有。

「我壓根兒就不記得有個保險箱，如果姚老在退休前想起那個保險箱，退休時交代我們一聲，我們肯定把它當作寶！」幾天前，黃子明在對我說起這件憾事時，臉上無不坦露痛惜之情。坐在一旁的臺灣聯合報圖片中心主任林錫銘也歎息道：「我們報社那些『八二三』炮戰的底片也所剩無幾了。」

於是，人們寄希望「八二三」炮戰的底片在大陸能有個完整的收藏。

「早就被白蟻吃光了！」廈門日報攝影部原主任、台海雜誌社圖片總監林世澤一句話粉碎了大家的美夢。「八二三」炮戰期間，連廈門日報都不能到家門口的前線採訪，獲此「特權」的是駐廈某集團軍的一位宣傳幹事，各報也只能用他拍的照片。戰後，這位宣傳幹事和姚琢奇一樣把那些膠卷當寶珍藏了起來，退伍時他還年輕，把膠卷的移交記為頭等大事。從他手中接過傳家寶的新的宣傳幹事，卻把寶貝當垃圾，棄置牆角。不久，那些差點讓老宣傳幹事拿命換回的膠卷，被白蟻蛀光了。

今天，人們甚至想不起那位老宣傳幹事姓啥名誰。

楊永智現在所做的一切就是要讓人們永遠記住那些老一輩的新聞攝影師。這位曾供職於臺灣中國時報系的資深攝影記者，已花費好多年致力於收集整理臺灣老一輩新聞攝影師的故事和代表作：臺灣「新聞局」第一代攝影官李培徽，拍蔣介石棺木推進陵寢，淚水打濕了三台相機；現在臺灣最年老的攝影記者之一吳紹同，還在為呼籲人們保護自然生態自費拍照，他花了幾十萬元新臺幣拍幾十種原生鶴，視力變差後，他就拍駱駝和大象……。

兩岸老一輩新聞攝影師有個共同點，對拍照十分投入，但對收藏不上心。他們更多人都覺得這是理該付出的工作，而忘了工作的同時創造的也是自己的作品。所以，好照片丟了許多。

兩岸新一代新聞攝影師也有個共識，好照片無法重複，所以，加倍用心珍藏。

由蔣鐸、黃子明、林錫銘、林世澤、楊永智等諸多兩岸新聞攝影師共襄盛舉的台海新聞攝影大賽（簡稱台賽），又於10月25日啟動了第三屆，它每啟動一屆，相信就會使兩岸間的憾事減少幾層。

大膽

2013/07

最近被兩岸媒體高度關注的大膽島，在我兒時的記憶中，真的像個擔子，扁擔的兩頭各挑著一個孤島。

小時候，我們姐妹曾圍著煤油燈聽父親講大膽二膽的故事。父親說，解放前，島上有燈塔，他的朋友曾在那兒守燈塔，他自己若在夜裡到海邊也時常看到燈光閃著閃著。他還說，解放後，大膽二膽被國民黨軍佔領了，他也當了大陸民兵營長，在海邊巡邏時，總要提著膽兒，會不會冷不丁兒冒出水鬼，亮出匕首，抹了自己的耳朵甚至要了自己的小命。大膽二膽離我們實在太近了，傳說中的水鬼遊過來，只需一、二十分鐘。這時候，在旁聽著的母親也會插話：「透早時，大膽二膽的雞叫，我們都聽得一清二楚。」

讀初一時，我第一次看到了父母嘴裡經常提起的那兩副擔子。學校的團委書記帶我們爬上了南太武山，他專門要帶我們去看大膽二膽。南太武山，是我家鄉的名山，位於海邊，有許多摩崖石刻，其中有塊直插海底的巨石，上書「萬丈丹梯」。我們就站在萬丈丹梯上看大膽二膽，那天，晴空朗朗，這兩副擔子就在山腳下。大膽，挑著兩個孤島，連接兩個孤島的是一條淺淺的海壩，就像一條扁擔；而二膽，有時看起來像海豚，有時又像馬鞍，隨著潮水或日照變幻不定。大膽二膽旁邊還有好幾個嶼，我們就叫它們三膽四膽五膽。老師手指著海面上的這些擔子，激動地對我們說：「同學們，這就是臺灣，我們祖國不可分割的一部分！」

「我的家鄉能看到臺灣！」這成了我在大學時對來自五湖四海的同學自豪炫耀的資本。一到寒暑假，同學們就會吵著到我家來，目的很明確，爬上南太武山，看臺灣。一站到萬丈丹梯，我就手指海面，問，像不像擔子？聽沒聽到狗吠？

有時像，有時不像；有時聽得到，有時聽不到，但大家難免惋惜之情，咫尺，天涯……。

而今，天涯就要化為咫尺。大膽二膽將撤軍，並在三年內發展為旅遊觀光區。臺灣當局會做出撤軍的決定，是因應外島經濟發展的需要，當然更是兩岸和平發展的結果。

上島陸客多寡，實際上決定了大二膽的開放前景。臺灣，比起許多境外的旅遊風景名勝區，對陸客更有吸引力，因為親切感，更因為神秘感。但這就能說明，屆時，上島陸客就會如預期的那樣多得不得了嗎？

不，金門遊提醒了我們，其結果比預期的少得多。為什麼呢？因為，要從廈門去趟只需半個小時就可到達的金門，仍需繁瑣的手續，遠不如直接買張票坐上遊艇來個「海上看金門」方便。所以，金門自由行後，並沒有從海上看金門分到多少羹。

說到底，大二膽的旅遊觀光業能否發展起來，最關鍵的取決點是，兩岸相關政策能否更加簡化。

上世紀五十年代，蔣經國先生視察大膽島時，曾題寫「大膽挑大擔，島孤人不孤」。臺灣方面也因此把大擔島改為大膽島。實現兩岸統一，是蔣先生的最大遺願。而今，他的在天之靈，若知大膽島行將撤軍並歡迎陸客上島多多益善時，一定會很高興的。

如果，兩岸和平發展進程，能夠更大膽、更合力，那麼，蔣經國先生的「大膽挑大擔，島孤人不孤」，將會有新的注解。

台海年月

信

2013/08

在與兩岸通信史專家、台大教授何輝慶先生的一次旅行中，我對「信」有了不一樣的體會。

何教授任職於臺灣大學「國家發展研究所」，教的是政治史。友人用於介紹我們初識時的第一句話，是「何教授集了很多郵票」。在我聽來，這無非指的是何教授的個人興趣，而我對集郵又毫無興趣。

一路交談中，我才發現，何教授的工作與他的興趣有很多交集，譬如，他會把舊信帶到課堂上，和學生一起解讀郵戳透露的資

青鳥遞真情
幸福青鳥

訊。有一封信，從發出地——廈門蓋的郵戳到收到地——台北蓋的郵戳，兩枚郵戳顯示的時間整整差了一年多，那是在上世紀50年代初期，說明兩岸的往來已是關山重重了。還有一封信，也是上世紀50年代初期，上面貼著的郵票居然是毛澤東頭像，是從安徽寄到台北的，給一位台大教授。在「蔣匪」「共匪」水火不容的時期，這個情形真的很難想像。何教授通過研究，發現兩岸對峙初期，其實是很奇特的，烽火不斷，但郵路猶通，直到1953年才完全斷了。

哦，原來何教授就是通過這麼有趣的方式在解讀政治史啊。宏大的歷史可以通過一枚小小的郵票去濃縮去展現，某個時期某個地區某些人的情感互動和文化交往，也常常由一枚小小的郵票承載起來。「從信的內容，我們可以看到當時的生活情形，把人類比較屬於庶民的生活很直接地表述出來」。

帶著何教授這句話，我在結束旅行回到家時，不由自主地打開了幾年都不曾去翻動的抽屜，那裡有滿滿一屜的信。

重讀這些發黃的信，一個鄉下女子如香雪那樣不甘寂寞的庶民生活，的確如何教授所言「很直接地表述出來」。

有一封，是我姐姐於1985年從漳州南靖寄給我的信。信裡，已參加工作的姐姐除了問我的學習情況並交代幫媽媽做家務外，其中一句，她寫道：「雙肩書包已給你買好了，春節回家時就帶回。」

那年，我讀初中。在縣城，雙肩書包已開始流行，但對我們小鎮上的學生而言那是個稀罕物。可以想見，當時讀到姐姐的這句話時，我是何等的期待。對外面世界的嚮往，這顆種子，很早就種在我的內心深處。

還有一遝信，是我大學畢業後在農村中學教書時，與兩位好友的通信。她們也是老師，我們分屬於龍海三所不同的中學，因為文學夢，更因為對現實的失落和對未來的憧憬，我們走到了一起。寫信成了三人交流的最主要方式。

讀《大家》作品時，我們在信裡寫道：「我渴望也能寫出如此的文字，讓它在我的筆底流淌，在我頭頂的天空飛翔。」看梵谷的畫作時，我們在信裡寫道：「給我一點力量吧，好像梵谷在夕陽下山的時候追逐的那最後一抹金黃，我希望我還有希望，你相信希望嗎？」因為一家好書店的消失，我們在信裡寫道：「有一種惆悵一種心疼，就像失去我的左手或者右手。」當夢想一次次挫敗時，我們在信裡寫道：「因為你們，我內心裡有一塊溫暖的地方永遠被照亮著。在我黯淡的生活中，我時時提醒自己努力地生活著……」

我讀不下去了！心跳加速，淚眼模糊。多年後，我們三人都實現了部分夢想，我們三人仍然相互牽掛。但我們都不寫信了，和許多人一樣。

人們總是把「信」的失去，視作現代通訊工具愈來愈發達的結果，殊不知，更多的是因為，在越發急功近利的社會裡，我們的血不再那麼熱，我們的情不再那麼真，我們的心變得浮躁或者遲鈍了。

前陣子，何輝慶教授的心血之作《海峽兩岸通郵史》跨海而來。他的大作提醒了我，我們一起來鉤沉，300多年來兩岸通郵路上鮮為人知的故事；我們一起來回味，字裡行間裡令人感動的庶民生活。

圓與缺

2013/12

2008年7月4日這一天，也是個歷史關節點。

上午8時40分，搭載大陸居民赴台旅遊福建首發團的廈航MF881客機，經過83分鐘的飛行，降落在台北松山機場，這是該機場自1949年以來迎接的第一架大陸民航客機。109位福建居民終於以遊客的身分踏上了魂牽夢繞的寶島臺灣。

我是這個首發團的隨行記者。

83分鐘之前，我和108位遊客懷著對阿里山和日月潭的無限憧憬從廈門登機。此前，我們中的絕大多數人只能從教科書或影像資料上認識這一山一水。而且，「首發團」這三個字所承載的劃時代意義，讓大家為自己能成為其中一員而感到無比榮幸。不少成員對我坦言，之所以爭先恐後地報名參加首發團，是渴望自己能成為兩岸統一進程中的參與者與見證人。

那天的天氣出奇的好。當飛機飛越臺灣海峽時，大家發出了一聲聲驚歎，因為，臺灣海峽的海岸線竟然清晰得連傻瓜相機都能拍下。很快，飛機的左舷窗外出現了阿里山，遊客歡呼起來。氣流很小，飛機平穩，人們爭相輪換座位透過舷窗拍阿里山。

不知不覺間，近一個半小時的時間一晃而過。8時40分，飛機降落台北松山機場，首發團成員不約而同爆發出雷鳴般的掌聲，機長沈志群出現在客艙裡，他激動地告訴大家：「我從2005年以來多次執飛臺灣，唯獨這一次，看阿里山最清楚。」此時，舷窗玻璃突然有水滑動，大家正納悶陽光明媚的天咋下起了雨，空姐微笑著說：「松山機場特意載來兩車的水噴灑客機，臺灣同胞正為我們灑水洗塵呢！」

機艙門徐徐開啟，大家第一眼看到的是臺灣「復興航空」的田地總經理，他握住福建首發團團長郭恒明的手，說：「幾十年了，這是第一架降落台北松山機場的大陸飛機啊！」

郭恒明也難掩激動之情，他夾著閩南語，用四句話對早已等候在機場的臺灣同胞和媒體表達彼時的心情：「臺灣與福建是那麼的近；兩岸同胞是那麼的親；臺灣風景是那麼的美；兩岸直航是那麼的好！」

台北市觀光傳播局局長羊曉東陪同福建首發團參觀寶島遊的第一站── 台北探索館。「探索」一詞，不僅意味著福建首發團在台10日遊的開始，更喻示著兩岸和平統一的歷史進程開始了新的探索。

今天，當聆聽新聞界的前輩譚文瑞、王仲莘等先生講述自己在二三十年前親歷的重大歷史事件時，我不禁一次次陷入到對2008年7月4日這一天的回憶中。歷歷在目，猶如昨日。

五年了！五年，融入兩岸歷史長河中，也許只能化為瞬間。但五年這段河是過去60多年來最平順的，且跳躍向前的浪花又是最耀眼的。

五年了！沈志群、郭恒明、田地、羊曉東，他們的角色都已發生了變化，但他們的名字都已進入了兩岸交流史，創造歷史並非都需要驚天動地之舉，有時，就是一個轉身，一次握手。

五年了！我和我的同事，駕著《台海》這葉小舟，順河而上，我們見證兩岸中國人的一次次團圓，也目睹了一些缺憾。

做這期雜誌時，電影《一代宗師》在金馬獎上摘金，正在頒獎現場採訪的本刊特約記者王國明當場打電話給我：「是大陸的章子怡獲金馬影后！」興奮之情從這位臺灣攝影家的嘴裡迅速傳到我這位大陸媒體人的耳朵。

《一代宗師》裡，武林前輩宮寶森以手中一塊圓餅試葉問功夫高下。葉問答道：「在你眼中，這塊餅是一個武林；在我眼裡，是個世界。」

這時，圓餅在葉問功夫的作用下，缺了一口子。「所謂大成若缺，有缺憾才有進步。」葉問說。

皓雲

2014/08

臺灣大學生譚皓雲到本刊實習時，正趕上封面故事「還原臺灣半個世紀被日本殖民的真相」的採訪。採訪中，她聽到了許多聞所未聞的故事，比如當時有很多臺灣民眾不願當「皇民」，內渡到大陸繼續抗日。

皓雲讀了兩遍高一年級，先是在臺灣讀，後來當貝斯手的爸爸到北京發展，也把她和妹妹接到北京讀書。到了北京後，皓雲又讀了一遍高一年級。這時，她發現大陸的歷史教科書和臺灣的一個很大的不同，是大陸用很大篇幅講了八年抗戰歷史，「好像有一本書那麼厚」，而臺灣的教科書在這方面就是幾頁紙，並不突出。

關於臺灣50年日據史，臺灣的書本和老師倒是費了不少的筆墨和口舌。說它時，是用「日治」還是「日據」呢？「有時『日治』有時『日據』。」看來，皓雲也被那翻來覆去的教科書搞糊塗了。

「你贊成哪種說法呢？」我問。

「日治吧……」皓雲想了想，回答道。

也許看到我臉上有絲失望一閃而過，她便進一步解釋道：「因為臺灣工農業現代化的基礎就是從那個時期奠定的，那個時期還為我們帶來了西方民主、衛生習慣、服務態度，等等。這些都影響到現在，還有，好像義務教育也是從那時候開始的。」

皓雲的奶奶是「本省人」，她就是在日本對臺灣推行「皇民化」時上了小學。「如果沒有義務教育，奶奶可能上不了學，因為家裡太窮了。」皓雲說。

「那麼，奶奶對日據時期很留戀嗎？」我問。

「不！她很反感。」皓雲毫不遲疑地回答，「因為即便日本人口口聲聲地說把他們當『皇民』看待，實際上還是非常歧視的，這種感覺讓奶奶不堪回首。」比起奶奶，皓雲的爺爺對日本人自然更為痛恨，作為抗日將士，日本軍國主義的鐵蹄如何殘酷踐踏家國，他至死都忘不了。在台中的眷村，爺爺時常對爸爸憶起日寇的暴行，所以，皓雲的爸爸儘管出生於1968年，但提起日本人還時常以戲謔的口吻說：「小日本、日本鬼子。」

這樣，皓雲一定就會理解為什麼當她把「日治」二字脫口而出時，我臉上瞬間流露失望神情。我只比皓雲的爸爸小幾歲，大學教育以歷史為專業的我，聽到「日本人」三個字，很難像聽到「法國人」、「英國人」那樣平靜。記得那天，我採訪了出生於臺灣的抗日名將、90多歲高齡的連行健，他親眼見到的一個細節，在時隔70多年後講述給我聽時，仍像電一樣擊中我，「日本兵把十七八歲的姑娘強姦後，就把她們的乳房割下來，還抓起鹽巴灑在血淋淋的傷口上……」聽時，我就像刀子割在胸口上，陣陣發疼……

在臺灣，每遇到關乎日本人的話題，我的內心總是五味雜陳。在臺灣大學參訪時，一位德高望重的教授指著紅磚灰瓦的教學樓，說：「你看，歷經百年風雨還是如此艱固，這是日本人建的，如果是國民黨建的，早就成豆腐渣工程了。」在阿里山，一位村長向我解釋為什麼阿里山森林被日軍瘋狂掠奪後還能如此茂密：「日本人在砍樹時要求伐木工要遵循兩種原則，一是必須留下兩米高的樹樁以保護山體，二是必須每公頃至少留一棵母樹以播撒樹種繼續造林。」

皓雲說她最欣賞日本人的國民素質，我和她一樣，也覺得，我們太需要向日本人學習了。但欣賞歸欣賞，學習歸學習，歷史昭昭，日據時期的日本人再怎麼建設臺灣，其根本意圖都是為了把臺灣變成它殖民亞洲的基地。任何時候我們都必須辨證地看待歷史。正如臺灣知名歷史學家王丰所說的：「我們不能在與日本軍國主義接觸過程中，反被魔鬼附身，成為魔鬼的狐朋狗黨……」

皓雲也參與了對王丰的專訪，她說自己滿贊同王丰的觀點。做完這期封面故事，她的實習生活也結束了，她把實習心得取名為《我對家鄉臺灣有了新認知》。

喉舌

2014/11

對於侵略者，我們除了反抗與揭露，有時還得學習之，哪怕面對的是慘無人道的日寇。

日寇鐵蹄踏進廈門始於1938年，可日本早在1895年佔領臺灣前後就提出「必須在閩粵之樞要地點發行報紙」，也就是在邁出鐵蹄之前的之前，日本早就做好控制喉舌的規劃了，並著手進行滲透。這一思路是為了配合其華南政策的推進，日本認為對報紙的操縱及統治，是極為必要之事。採訪中，我們不得不為其深謀遠慮而嘆服，儘管這個謀是陰謀。

日寇為一張報紙擲重金是常有的事，其深知，讓一隻雞，既當公雞唱讚歌，又當母雞生蛋，是不可能的。所以日寇控制喉舌的方法，就是先選擇目標地適當的報紙，給予補助費，逐漸操縱利用，等時機成熟後完全收購。一旦報紙的財務狀況被日本掌控，自然它的立場傾向也會發生改變，成為日本的代言人。不像到了臺灣後的國民黨，連自己的原配喉舌——黨報《中央日報》，都捨不得給飯吃，由著它自生自滅，直至餓斃街頭。

日本在殖民臺灣不到十年裡，就已創辦發展了17張日偽報。由此可見，日本對殖民地新聞宣傳的重視程度。值得一提的是，日寇特別講究新聞宣傳策略。別以為，內宣與外宣，是今天才有的策略。廈門淪陷時期，日本就把新聞宣傳分為內宣和外宣。顧名思義，內宣，就是面對廈門讀者，讓廈門人相信，日本與廈門是友好的，日本人是為了讓廈門人過上好日子而來的；外宣，就是要樹立日本的國際形象，讓中國以外的讀者相信日本人不是狼外婆。為了更好地貫徹這些策略，日本人用了大量中國人尤其是臺灣人來辦報，讓中國人讀起報來更易信，達到「以華制華」的目的。至今，臺灣還有不少人懷念日據時期，死活要把日據當日治，這從一側面說明了，日本當年在臺灣新聞殖民有多「成功」。如果不是毒害很深，《讀賣新聞》社長正力松太郎、《朝日新聞》副社長緒方竹虎，又怎會名列甲級戰犯受審呢？

在淪陷期的廈門新聞界，有沒有人把筆當槍使呢？採訪中，我們按慣性思維，一直希望能找到這樣的英雄，但至今無果。廈大新聞研究所副所長毛章清先生分析道，當日寇鐵蹄踏進廈門時，手無寸鐵的報人，只能選擇，要嘛逃到內地繼續辦報，要嘛停刊，當然也有的進入日本人控制的報紙，同流合污。他還說起當年長春報人的反抗形式，他們在新聞報導與評論中不敢也不可能表達反抗，但在文藝副刊的字裡行間巧妙地表達抗日立場，一篇文章看不出什麼，當把幾十篇連起來看的時候，作者的立場就很明顯了。毛章清評價道：「能夠利用副刊，已經是報人在當時的時空背景下，所能做到的最大的愛國表現。」

人們常說，報人是歷史的見證者。但在滾滾歷史長河中，被裹挾前行的報人，有時想做一朵潔白的浪花、一顆發亮的水珠都很難。蔣渭水，被譽為臺灣的孫中山，可有誰曾想到，他的兒子蔣時英，卻是抗戰時期日本《每日新聞》的攝影記者。1945年6月，蔣時英在隨日軍行進過程中，遭盟軍追擊時失蹤。五、六十年後，為蔣時英收集攝影作品並立傳的臺灣新聞攝影師楊永智，這樣感歎道：「經過戰爭苦難的人才會知道，在那樣的艱苦歲月中能夠生存下來就是最大願望，哪會分是為中國人還是日本人做事，即使自己的父親是一代民主鬥士。蔣時英最終以日軍戰地記者的身分失蹤，這不僅是個人的不幸，也是時代的悲哀。」

出刊時正值記者節，本期特別策劃呈現的是那個新聞殖民時代的不幸與悲哀，我們不是為求某個定論，而是為了更逼近真實。

集體記憶

2015/10

85歲的廈大教授陳孔立指著自己的雙耳說：「都聾了，所以，我現在沒有資格研究臺灣問題了。」這位臺灣問題研究專家中的泰斗級人物，數十年來總是豎著耳朵，傾聽對岸的聲音。這些聲音包括呂秀蓮、許信良、陳菊等綠營人物對他敞開心扉發出的。

他是在日前主講廈大新聞學茶座時發出這個感慨的。其實，雙耳戴著助聽器的他照樣每天上網關注兩岸新聞、關注來自臺灣的各種頁面，同時也照樣著書立說，他對臺灣問題的深度分析並沒有因為耳朵聽不見而變得膚淺。比如，僅就連戰出席抗戰勝利70周年閱兵式的兩岸新聞報導，他用於比對的新聞不下百條，並從中嗅出了兩岸新聞發展的「同」與「異」，大陸的媒體好「同」，講「統」「一」「共」「合」這類字眼很多，臺灣的媒體好「異」，講「分」、「各」、「特」、「獨」、「互不」。而對「同」，臺灣媒體很害怕，同樣，大陸媒體也儘量回避「異」。

為什麼兩岸媒體會出現這麼多的差異呢？歷史上的隔閡是一個眾所周知的原因，而陳孔立另闢蹊徑，從文化的角度去一探究竟。他所說的文化，可不是我們通常說的文學、藝術、影視、戲劇、民俗、飲食、節日等，「這個文化不解決大問題。」陳孔立說。他用於解決大問題的文化，他謂之「大文化」，是精神層面的，是價值觀、思維方式、行為方式、政治方式。

我們總說兩岸文化一脈相承，但陳孔立卻說，兩岸文化有著本質的差異，因為大陸的主流文化是「中國特色的社會主義文化」，而臺灣的主流文化是「臺灣特色的中華文化」。

有著本質差異的兩種文化如何尋找到交匯點呢？陳孔立說：「不同文化的交流是一個由『不同』到某種意義上的『認同』的過程，這種『認同』不是一方消滅一方，也不是一方『同化』另一方，而是在兩種不同文化中尋找交匯點，並在此基礎上推動雙方文化的發展，這正是『和』的作用。」

陳孔立從不諱言兩岸還有很長的路要走，但社會學家費孝通對「和」的理解十分契合他對兩岸的期許——「各美其美，美人之美，美美與共，天下大同」，你有好的我很欣賞，我有好的你也欣賞，大家的美聚集在一起就可以走向「天下大同」。

陳孔立並且提出幾點建議來加快「和」。第一要深入思想交流，第二要經受文化震撼，第三要秉承求同存異，第四要堅持和而不同，第五要建立集體記憶，最後，實現心靈契合。

兩岸本是同祖同宗，集體記憶還不夠綿長豐厚嗎？講五緣，臺灣人覺得那都是一百多年前的事了，跟我有什麼關係呢？所以，陳孔立呼籲，我們現在迫切需要建立的是新的集體記憶，並在集體記憶裡面形成共同的行為規範，有共同的看法、目標、記憶、價值觀等等，達成互信認同，擴大「我群」，從你們我們到咱們。

出生於1969年的大陸第一位台籍律師朱襄陽，來到人世的那天起，身上就帶著舊的集體記憶，他的名字是父親取自祖籍地的地名湖北襄陽。頂著這個名字的他從小就嚮往大陸，並在21歲時考上大陸高校的法律系，成為教育部招收的第一位公費台生，而招他進來的這所高校即是陳孔立生活70多年的廈大。在大陸司考對臺灣開放後，他又成為第一位在大陸取得執業資格的臺灣律師。在他的身上，每天都有關於對岸的新的記憶在積累，並且潛移默化地影響著他對對岸文化的認同，在大陸生活了25年後，他言必稱「祖國大陸」。在大陸，尤其在廈門，不少臺灣律師也像朱襄陽一樣登陸說法，他們成為了新的集體記憶的創造者。

陳孔立在演講的幾個小時前，把自己獲得的廈大南強傑出貢獻獎的獎金20萬人民幣，捐給廈大臺灣研究院，設立「臺灣研究創新獎」。因為有感於社會科學論文中垃圾成堆，他特別強調這個獎只給有創新的成果。而他對創新的定義則是「對被認為正確的東西的否定與修正」。

兩岸還有很長的路要走，而能否走得穩、走得快、走得美，實際上也很考驗兩岸各方的創新力。

此岸彼岸

2016/06

大陸年輕人周樺被東方航空公司派到東航臺灣分公司任行政經理。上任第一天，他與分公司裡的臺灣年輕人進行了一對一的面談，他問：「如何看待我這位新來的行政經理？」

對岸的三位下屬給了他三種答案：

第一種：「經理是工作需要的一個頭銜，都是在一個公司做一份工作，只是大家負責的內容不同而已。」

第二種：「經理意味著你要為更多人服務而不是更多人應該聽你的，做一名經理，要麼你把事情做好，要麼你從這個位置上下來。」

第三種：「即使你是董事長，也和做保安的人，在地位上是平等的。」

周樺不僅沒有得到想像中的任何一句恭維話，反而被以上這三句話嚇了一大跳，「在大陸，當領導，似乎高人一等。」他說。但在臺灣的工作經歷徹底顛覆了他這原本根深柢固的觀念，並發現「只有把大家都放在同一個平等的地位上，才更容易聽取別人的意見」。

兩岸青年的交流與碰撞絕不只在工作上，而是涉及到學習、生活、創業等諸多方面，每一次的碰撞都會發出不同凡響。

八萬陸生到臺灣念大學或研究所，他們上課必坐前排、考試成績數一數二，並且納悶臺灣同學對不能準時畢業不以為然；後來，又發現這些上課經常坐在後排吃泡麵的臺灣同學，動手能力超強，比如，社團活動的海報都清一色純手繪，「而在大陸，我們的活動海報很多都是網上PS、排版抑或是噴繪而成。」這些大陸學霸開始反思。

而在擇偶上，兩岸女生也大不同。臺灣女生喜歡溫柔、會做家務的男生，而大陸女生則喜歡有經濟實力的強人。房子，在婚姻的天秤上也差別甚大，大陸女生希望男方有房子，房子在許多大陸女生擇偶中甚至是必須的；而臺灣女生，相對獨立，她們不會把男方買房當作結婚的必備條件，更看重兩人在一起的感覺。那些喜結良緣的兩岸年輕人，在圍城裡，因為觀念不同，磕磕碰碰也不在少數。而能夠長久走下去的婚姻，夫妻間必定要經歷磨合，然後就是珍惜。正如兩岸關係一樣。

廈門，可以說是兩岸青年交流的大本營。在廈門，隨處可遇臺灣年輕人，他們或者來求學，或者來開店，或者來開工廠，或者來當各種「師」——老師、律師、醫師、鋼琴師、園藝師、美容師、心理諮理師，等等。廈門，常常是臺灣年輕人試水大陸的第一站。

最近，又有一撥年輕人登陸廈門，他們被稱為臺灣創客。臺灣的創意在世界上數一數二，這些富有奇思妙想的年輕人為何要逃離創意之島呢？在臺灣業內有「創客甘道夫」之稱的陳泰谷，將多個臺灣本土創客帶到廈門參賽，他回答了人們的疑問：「臺灣的創客從來不缺乏好專案，卻一直在缺投資人。」而大陸投資人出手闊綽，一下子就吸引住了四處籌資的臺灣創客。

畢業於臺灣「中央大學」研究所的理工男嚴孝頤，就是即將登陸廈門的創客。他在幫助好友籌辦婚禮的過程中，開發了mybigday平臺，這個平臺可以說明新人通過網路確定出席婚宴的人數，而不用一個個去登門或電話邀請，為新人節省了很多時間，這個平臺的投資人卻是在廈門而非臺灣。

已經抵達廈門的嚴孝頤，徜徉在大陸提供的寬敞的市場空間裡，同時也將面對很多差異性。這位一次次攻克技術難題的理工男並不怯場，他說：「臺灣海峽就好像一面鏡子，對岸一定生活著一個和你一樣的人。」

命定

2016/08

《台海》創刊十周年，我在《台海》八周年。

八年，一晃而過，但相比於人生長度，也不算短。回看來時路，發現，這似乎是命定的。

小時候，家住臺灣海峽邊上，推開門，就是大海。海水時常送來漂流瓶，打開來，瓶子裡有肥皂，有餅乾，甚至有手表。不管裝著什麼東西，一般都會有傳單。當我們喜滋滋地把漂流瓶撿回家時，大人總是把那傳單偷偷燒掉，把那肥皂留作家用，把餅乾賞給我們小孩子。

大人對傳單的諱莫若深，更激起了我們小孩子的好奇。我們總是趁著它們被燒掉之前，領略裡面的風光。一行行字，對還沒上學的我們，是天書；可傳單上的那座山和那個湖，卻印在了腦海裡。

上了小學，我們才知道，送來漂流瓶的地方叫寶島臺灣；傳單上的山，叫阿里山，傳單上的湖，叫日月潭。老師告訴我們，有一天，我們一定會解放寶島臺灣，那裡的同胞正生活在水深火熱中，傳單上畫著的那些好吃好喝好玩的，都是騙人的。老師還交代我們，天黑了，千萬別往海邊去，對岸會有水鬼遊過來，割人耳朵。

1987年以後，我們還在讀中學，感覺情況有了變化。沒再聽說有水鬼游過來，而是經常聽到某個人家迎回了臺灣親戚。到了讀大學時，回鄉認親的消息聽得更多。我們漳州的東山縣，有個銅缽村，因為1949年國民黨抓壯丁，全村大部分青壯男子都被抓到臺灣去，留下許多孤兒寡母，因而得名寡婦村。那會兒，東山籍的校友回家返校時，經常帶來臺胞回鄉認妻兒的故事。

哦，還有一台從臺灣漂來的電視機陪伴著我的童少時光。這台被海水浸泡過的12寸的黃殼電視機，是全村唯一的一台。我們經常在夜幕降臨時躲進家裡，偷偷看臺灣的「華視」。張小燕、胡瓜、澎澎沐浴乳，我們都覺得很有趣。

儘管兩岸隔絕許多年，但我生長的環境卻又是充滿台味的，我內心也一直對寶島臺灣懷著深情與好奇。所以，當2008年6月底，廈門日報社領導通知我將作為福建惟一的紙媒記者，隨福建赴台遊首發團前往臺灣時，我當時的心情是驚喜的。而當我收到了對岸寄來的採訪證，成為首位被臺灣「新聞局」批准赴台採訪的大陸地方媒體記者時，我的心情由驚喜轉為感恩，感恩報社，感恩時局，感恩命運的眷顧。這種心情，想必那些一樣擁有對台情結的人們會更理解。

回想首次赴台採訪，溫情的畫面歷歷在目：當搭載福建赴台首發團的廈航班機飛臨阿里山上空時，機上的乘客不約而同地發出歡呼聲，人們手中的相機隔著舷窗對著阿里山拍個不停；當飛機降落在松山機場時，臺灣方面舉行了隆重的灑水儀式，以歡迎親人的到來；我們環遊全島，無論在大都市還是小鄉村，都受到熱情的接待，三不五時還有前來認親的人。兩岸之間正是以這種打斷骨頭還連著筋的親情，跨越了60年的藩籬。相比較海外許多地方，臺灣的自然風景，並不是最美的，但為什麼8年裡有那麼多的陸客爭先恐後地前往呢？不是因為這份特殊的情懷，又是什麼呢？

首次赴台採訪回來後半個月，2008年8月1日，我便被廈門日報社派到台海雜誌社工作，全身心地投入到了對台報導中。這些年裡，我和我的同事們，始終置身於對台報導最前沿，見證了兩岸諸多大事件的發生，也深切感受到了兩岸之間血濃於水的親情和因歷史等原因造成的分歧。採訪越深入，我們就越發感受到兩岸和平發展的局面是多麼來之不易。

多少人為了打破兩岸幾十年的堅冰，付出了巨大的艱辛。檯面上的人物已載入史冊，但還有更多的推動者是不為人知或者隱姓埋名十年二十年的，比如，「金門協議」的台方代表鄧定秩。「金門協議」簽署於1990年，是一個以遣返私渡人員、打擊犯罪等為主要內容的協定，它開啟了兩岸和平商談的大門，是兩岸擱置爭議和平商談的典範。鄧定秩是臺灣「軍方」的重要人物，按照規定軍職不能參與商談作業，他只好化名鄧中正，以臺灣紅十字組織顧問的名義參與了商談。直到20年後的2010年，外界才知道鄧中正就是鄧定秩。當回顧到了鄧定秩這個細節時，我不禁潸然淚下。

而今，在兩岸溝通管道中斷，島內聒噪聲四起時，也一定有人正穿梭兩岸，為他們心中認定的使命默默努力。

珍惜吧，這來之不易的一切！

天下為公

2016/12

台北的一個夏日午後，出生於南京定居於台北的徐家姐弟冒著驕陽，相攜來到了中山紀念館（即國父紀念館，編者注）。

彼時，中山紀念館內正在進行莊嚴的衛兵交接儀式。與往常不一樣的是，觀看者多了成批的大陸遊客，他們紛紛與交接後站立如雕塑的衛兵合影，鏡頭定格的兩張臉龐，一張莊嚴肅穆，另一張喜氣洋洋，相映成趣。

徐家姐弟的目光並不在衛兵交接儀式上，而是巡睃於一個個穿著粉紅色T恤的對岸來客。這批第一次登島的大陸遊客中，有他們的親人？不。有他們的朋友？也不。

已見白髮的徐家姐弟，在南京度過了戰亂的童年，1948年隨父母來台。兩岸間60年的藩籬並沒有隔斷他們對南京的魂牽夢繞。當臺灣當局首次開放大陸遊客來台的第一天，徐家姐弟就迫不及待地來到中山紀念館，其實，他們並不瞭解首發團的具體行程，而是憑直覺判斷，首發團一定會到中山紀念館。這些跨海來瞻仰孫中山先生的大陸遊客，他們中雖然沒有徐家姐弟的親人，也沒有徐家姐弟的朋友，但在這對徐家姐弟的心目中，不是親人，勝似親人；不是朋友，勝似朋友。

那個下午，我和徐家姐弟站在中山紀念館那個巨大的屋頂下，談天。貝聿銘的哈佛同學、設計師王大閎設計的這個屋頂，差點被蔣介石斃掉，蔣介石希望它被改成清代建築中的歇山式屋脊，但王大閎據理力爭，他說，孫中山先生領導辛亥革命，推翻清朝統治，怎麼反而用清代建築來紀念他呢？而且，先生最恨皇權，民眾一定不能接受建華麗俗氣的皇宮般建築來做為這位革命先行者的紀念館。最後，蔣介石同意了王大閎的設計方案，也才有了這個聞名建築界的三疊式屋頂。

在這個屋頂下，我和徐家姐弟揮手告別。臨別時，徐家大姐說：「臺灣的夏天，孩兒臉，說下雨就下雨，你要帶好雨具啊！」我帶著這份溫暖人心的叮囑，開始了人生中第一次寶島行。

這一幕發生於8年前，那天是2008年7月4日。近10個月後，2009年5月底，我來到了徐家姐弟思念到老的故鄉——南京。這也是我第一次到南京。過兩天，6月1日，中國國民黨主席吳伯雄將率領國民黨大陸訪問團成員前往中山陵謁陵，紀念孫中山先生奉安中山陵80周年。5月31日，我先到中山陵探營。中山陵大量採用青色琉璃瓦，象徵青天，象徵中華民族光明磊落的民族氣質和孫中山先生「天下為公」的志向胸襟。這已是眾所周知的意涵。而今回想，我最難忘的當屬那392級台階，392級台階，被8個平台連接，「392」，代表著當時全國3億9千2百萬同胞；8個平台，象徵著三民主義五權憲法。它在建築設計上的神奇之處，在於，往上走，只見台階，不見平台；往下走，卻只見平台，不見台階。建築設計師為當年30歲出頭的呂彥直。

南京的中山陵與台北的中山紀念館，之所以成為建築界的傑作，在於兩位建築設計師，無論是呂彥直還是王大閎，都深刻領會到了孫中山先生的思想精髓。置身於這兩處紀念之所，有心人似乎能觸摸到孫中山先生的靈魂，也因此更能引起兩岸民眾的強烈共鳴。順便說一句，王大閎的父親王寵惠，曾任南京國民政府首任外交總長、孫中山先生奉安大典的五位陪祭之一，可見王家與孫中山淵源甚深。

吳伯雄主席謁陵的前一晚，我和將與他一起謁陵的國民黨副主席曾永權等人，在南京走街串巷，到秦淮河畔聽歌，進烏衣巷覓劉禹錫的詩，品徐家姐弟念念不忘的桂花鴨和五香豆。心想，這樣的畫面不就是孫中山先生在世時一心為民所求的嗎？

吳伯雄主席偕曾永權等四位副主席謁中山陵、紀念孫中先生奉安八十周年之舉，已過八年。但我的耳際依然迴響著伯公在中山陵說過的話：「孫中山先生為中華民族留下了共同的遺產，中國國民黨一定繼承孫中山先生的遺訓，體現孫中山先生的精神。孫中山先生提出的振興中華，是我們共同的目標。」伯公長期受腰痛折磨，站著寫字都困難。謁陵前一晚，我在酒店大堂與他相遇，還表達了對他能否登上那392個台階的擔心。伯公邊捶著腰邊信心滿滿地說：「放心，我一定會登上的！」第二天，果然，他帶著四位副主席順利「登頂」。

八年後的今天，中國國民黨卻還在因路線之爭，內部矛盾重重，加上被民進黨利用「執政」之機殘酷打壓，而內外交困、風雨飄搖。兩相比較，不禁令人感慨唏噓。

「臺灣的夏天，孩兒臉，說下雨就下雨，你要帶好雨具啊！」八年前，徐家大姐說的這句話，本只是暖人心的叮囑，而今，在當前的情勢下，怎麼回想，都是別有一番滋味在心頭啊。

第四章 激浪

連回不了家的林毅夫都感慨，

兩岸融合速度之快遠超過自己當初的想像。

越熟絡就越不需要紅娘的穿針引線，

就像我牽不到一塊兒的那對年輕人，

說不定他們走著走著就各自碰到了心儀的對岸人。

身段

2011/04

我極其盼望去臺灣個人遊早早到來，原因無它，為的是到臺灣去可以避免忍受個別大陸導遊那硬梆梆的身段了。

我第一次得以到臺灣是拜大陸居民赴台遊首發團之福。能環臺灣全島的確是幸事，但有個身段每每礙我的眼，不時地壞我欣賞美好景致的心情。這個身段形成阻障，並不是因為它不夠苗條，而是因為它不夠柔軟。

2008年臺灣開放大陸居民赴台遊，我以為能被遴選為首批具有赴台遊資質的旅行社，服務無疑是很不錯的。可能，個別導遊就帶著這種優越感漂洋過海。有優越感自然是好的。但是，這種優越感似乎應該體現在對遊客的服務上才好，如果把這種優越感理解為盛氣凌人，甚至把平日尚且柔軟的身段充氣得直硬無比，以至於忘記了自己是服務客人來的，甚至當自己是送來福祉的天使，彷彿我們這些遊客能去臺灣是托她的洪福，那麼，這種「優越感」就變味了。

身段，原本是戲曲的專有名詞，身，指的當然是身體，段，則指術解。術解，我的理解裡就是「表達」。首發團的個別導遊表達她「硬身」的「術」各種各樣。我記得最深的是一個眼神。在遊覽車上，導遊問有哪些人要兌換新臺幣，全車人都要換，而且很多人一掏就是一兩千元人民幣。她走到我面前，我掏出了200元人民幣，因為我得做全程報導，每天都忙到三更半夜，根本無暇逛街購物，自然無需兌換多少新臺幣。我握著200元鈔票的手在空中停了許久，沒被接走。我詫異地抬起頭，驀地有一束鄙夷的目光打在了我的臉上；然後，她悻悻地抽過那200元鈔票，又悻悻地把新臺幣塞進我的掌心；最後，扭過頭，甩下一串高跟鞋的篤篤聲。那身段，恐怕只有一朝得勢的人才會有。

假如這類令人不快的身段只在首發團晃一晃也就罷了，但是，不幸的是後來又出現。我第二次到臺灣，是為辦事的，但因為未開

放個人遊，不得不又跟團，心中不免忐忑，生怕再遭遇上次那樣的身段。當時政策剛進一步放寬，陸客在島內親朋的擔保下，有三分之一的時間可以暫時離團。當行程接近三分之二時，我就跟導遊說接下來要辦暫時離團手續。那導遊沉默一會兒，說不能暫時離團。我說政策有規定，她硬說沒規定。她要嘛無知，要嘛嫌麻煩。我只好跟臺灣導遊對接，臺灣導遊熱心地與相關部門接洽，很快按規定幫我辦理了暫時離團手續。我是做對台報導的記者，因此對兩岸政策比較熟悉，總算沒被那導遊忽悠。換別的遊客呢？

以上說的兩例，都是「段」這個範疇，也就是「術解」、「表達」，還有些含蓄。說點直白的——「身」。有次我到澎湖參訪，那會兒正值七月酷暑，澎湖的太陽火辣辣的。陪我們去的大陸導遊可謂「全副武裝」，不只眼戴墨鏡，而且，頭裹巾、臉遮布、臂套袖，「身」的分毫都被纏得嚴嚴實實。聽她講解，我們彷彿面對一個沒眼、沒鼻、只會發聲的偶人。她不僅把陽光更把我們——她的客人拒之千里之外。愛美之心，人皆有之，但不同的角色，就該有不同的身段；不同的職業，就該有不同的范兒。既然選擇了導遊這個行當，你就不能怕曬，眼鼻都遮沒了，讓客人如何與你交流？正如我們選擇了當記者，就不能害怕「午夜凶鈴」一樣，這是職業道德所決定的。

而臺灣留給我最美的景致恰恰是寶島的導遊，他們的敬業、博學、細心，化作了美好身段時常在我眼前浮現。記得首次赴台的最後一天，人們都在101大樓裡忙著購物，我卻蹲在一樓的角落裡快速地敲打著鍵盤，迫不及待地發回了報導「我們該向臺灣服務業學習什麼」。

陸客赴台遊一恍近三年，可能當年首發團的導遊，還有許多常往返於兩岸，不知他們的「身段」是否柔軟了些？是不是從臺灣導遊身上學習到什麼。當然，我希望得到的答案是肯定的。如果，時至今日還有個別人昂著頭、梗著脖，身段照常，恐怕是很難適應導遊這種需要身段柔軟的工作了。 因為，遊客們不會喜歡他們的強硬的「身段」，他的工作恐怕要換一換了。

這就是兩岸開放交流帶來的好處，不但可以讓我們對服務有更多的選擇性，而且可以在比較中改變一些人不適合的「身段」。

台海年月

師道

2011/05

在陸生赴台立馬實現的當口，不少陸生和家長問我，臺灣的大學老師會教給學生什麼呢？

這個問題讓我想起了與臺灣大學師生朝夕相處10天的一次考察。

2008年10月，臺灣大學客家文化研究中心主任邱榮舉教授組織了兩岸客家文化考察團。他遴選考察團成員的標準，是除了台大師生外，其餘成員必須來自各個門類，有畫家、攝影家、詩人等，而我是作為媒體代表受邀的。邱老師希望一路上能有各種思想的碰撞與激盪。

行走在閩粵兩省的客家村落，我有機會時時看到台大師生互動的場面，有許多情景至今回憶起來感到特別溫暖。

走在路上，學生一定會恭立路旁，等老師走在前頭，他們才跟著往前走；吃飯時，老師不落座，學生就一直站著，老師不舉筷，學生便一口飯也不吃；同行中，邱教授帶的一位博士，年齡看起來比他還大些，可這位博士生一路搶著背老師的行李包，面對大陸人疑惑的目光時，他說「一日為師，終生為父」。

而老師呢？端著師長的架子安然受用嗎？不！有個夜晚，我們住到永定與南靖交界的一處偏僻農家旅社，其中有一間門壞了，邱老師堅持自己住那間，學生搶著住，他不肯，擔心學生們的安全，雖然，那幾位學生都是大小夥子。聽邱老師帶的博士生阿元說，在臺灣，學生和老師一起吃飯時，一定是老師買單的，因為老師覺得學生是小輩，理應照顧他們。我到臺灣參訪時，果然頓頓都是邱老師請的，哪怕一起出行的學生輩有的畢業後年薪都超過邱老師了。

點滴之間，可見臺灣的大學的師道。

師道，師承、師傳。

臺灣大學裡的師道其實是從大陸「運」過去的。提起蔣介石撤台，人們聯想最多的，是他從大陸運去了大量黃金，並依靠這些黃

金穩定了混亂的臺灣、也才有了後來的經濟奇蹟。而事實上，他從大陸運到臺灣的有比黃金貴重得多的財富，這筆無形財富與黃金白銀一起形成了臺灣騰飛的兩翼。那就是文化思想！既有中華傳統文化，又有西方思想。而承載並且不間斷地傳播這筆精神財富的重要陣地之一，便是大學。

蔣介石從大陸搬到臺灣的大學，其中三所最為有名，新北的輔仁大學、新竹的清華大學、高雄的中山大學，它們在臺灣島上，自北、中、南分佈。臺灣最頂尖的大學臺灣大學雖然是島內在日據時期創辦的，但它的講臺也很快被大陸去的教授佔領，其1949年後的首任校長就是著名學者傅斯年。陸生到台大讀書時聽到校園內傅鐘每天只響21下時別感到奇怪，那是傅斯年不滅的靈魂時時提醒學子：「一天只有21小時，剩下3小時是用來沉思的。」

沉思，能積澱傳統，更能生發創意。中華傳統文化在臺灣根深葉茂，並源源不斷為創意之花提供開滿枝頭的養分，你信嗎？F16戰機的設計者就是畢業於以仁愛為核心目標的輔仁大學。

既然說到輔仁大學，不妨再說說校長黎建球教授。在廈門，他很自豪地對我說：「我的兒子是廚師！」這樣的校長估計可以為那些把當公務員作為就業第一選擇的陸生洗洗腦吧。

黎建球的好朋友馬英九在處理兩岸關係時，時常自豪地提到臺灣的軟實力，師道當屬他引以為傲的一部分，可在開放陸生赴台時設下的多項歧視性政策，又從一個側面反映了島內對大陸的複雜心態。

碰撞

2011/08

首次到台北參訪時，曾為發生於中山紀念堂的一幕感到驚歎。紀念堂內，衛兵正進行每逢下午三時的交接儀式，十分莊嚴肅穆，連原本嬉鬧的遊客也不由自主瞬間鴉雀無聲。於此同時，門外屋簷下走廊裡，一群少男少女正在唱勁歌跳熱舞，對於堂內「國父」前正在進行的儀式，渾然無感。

這兩幅看似很不搭的景象，中間只隔著一道門檻。

臺灣青少年對於權威的蔑視，曾令我們身邊一位大陸企業家氣得咬牙切齒。去年，我們組織了在廈台生冬令營，這位企業家為百

位在廈台生免費提供了三天的食宿和活動場地，他為此還專門騰出一天時間要來和這些台生好好談心。

那天，他叫來幾部車把學生載到自己的老家祠堂前，想在祠堂前和學生們說說他的祖先如何跨越海峽到臺灣落戶生根，可這些學生一下車就散開了，組織者費盡心力總算把部分學生召集在祠堂前，學生沒聽幾句又跑開去看大埕邊上的雞鴨豬狗，組織者苦口婆心地勸學生們耐心聽聽這位企業家的談心，畢竟人家熱心招待大家吃住，但學生們回答道：「他說的，我們不感興趣。」就是不靠攏到這位三天的「衣食父母」邊。令人噴飯的是，去年參與組織活動的一位工作人員，前幾天偶然遇到其中一位台生，工作人員一下子就認出了他，但這位台生不僅記不起與他一起生活三天的工作人員，而且對於去年那三天發生的一切表示一點兒印象都沒有。

這也難怪，他們從小生活在多元思想的社會裡，追求自主、個性，反感任何強加給自己的要求，連小學生都鍥而不捨地維護自己的權利。一次，一所小學的三年級語文考試，考卷較難，大部分學生得做兩個小時才能完成。交卷後，學生回到家裡跟家長訴苦，家長們便聯合起來，譴責老師缺乏人性教學，迫使學校向家長學生道歉，表示以後一定改進教學方法。

這幾年，臺灣青少年對大陸的好奇心提高了不少，此前，他們對大陸知之甚少。青年臺胞夏令營成為他們瞭解大陸的一扇窗，但要不要來參加，他們中的人也有過猶豫，這些孩子的父母擔心有危險，來了後才發現不僅很安全而且很溫馨，並為自己帶著速食麵和衛生紙來交流感到可笑。在與大陸青少年朝夕相處中，他們最驚歎的是陸生的用功——常常能把整篇文章甚至整本書的大部分背出來；他們還跟陸生學會了如何區分胡錦濤和溫家寶兩個人的職務有何不同。

與被歡迎來大陸參加夏令營一樣，臺灣青少年也歡迎大陸交流生赴台。在為期一個月或一個學期的交流中，他們教陸生騎機車夜衝，教陸生如何辨色——什麼叫藍營什麼叫綠營，還慫恿對遊行躲得遠遠的陸生多走出校園去看看，並說遊行對他們而言如家常便飯。

兩岸青少年，雖分屬於不同的意識形態下的，但其人生經歷卻有一點驚人相似，那就是他們的生活環境都是少子化的。四個老人和兩個大人慣出的小皇帝，不僅在大陸家庭中比比皆是，在臺灣家庭中也不少見。我曾請教過一位臺灣父親，臺灣青少年與他們的父輩相比有何不同，他脫口而出：「缺乏擔當。」理由是，他們絕大多數都在優越的家庭環境中成長，沒吃過苦，便少具有解決問題的能力和方法。

這個擔憂和大陸父母的何其相似。不過，我想，每代人都有每代人的活法，每代人對社會擔當的方式也各不相同。比起他們的父輩，兩岸青少年在生活上的確少吃了很多苦，但社會磨礪他們的方式也是前所未有的。因此，他們同樣能擔當起兩岸未來的責任，而且解決之道可能更靈活。

台海年月

換鈔

2011/09

「金融」二字，引起我們普通老百姓最直接的聯想是「錢」，更具象的，就是鈔票。

我在臺灣的幾次換鈔經歷，簡單梳理後，發現或許可成為兩岸金融交流愈來愈開放的一個小小縮影。

2008年7月4日，大陸赴台遊首發團抵達臺灣松山機場。通關後，許多陸客撲上去的點，就是兆豐國際銀行在機場設立的「人民幣兌換處」，寫著上述六個字的圖畫新典典的，說不定是前一天才貼上去的。陸客登臺後的第一件事是趕快兌換新臺幣，因為擔心人民幣在臺灣買不了東西。而他們趴在收銀臺上的穿著寫有「大陸赴台遊首發團」T恤的背影，連同「人民幣兌換處」一起被諸多海內外媒體攝入鏡頭，傳播到世界各地。這樣的畫面，在臺灣60年來是第一次出現的。

的確，在2008年，陸客如果沒有事先換好新臺幣，基本上是買不到東西的，我們沒有碰到一個商家願意直接收人民幣的。環島遊的途中，陸客手中的新臺幣花光了，回到遊覽車上還沒坐穩就趕快找帶團的導遊兌換，因而車廂裡三不五時傳來數鈔票的聲音；導遊手中的新臺幣被兌換光了，就會叮囑司機往有信用社的方向開。在南投縣埔里鎮，我們有過愉快的換鈔經歷。那是一家不起眼的農村信用社，為了因應陸客赴台遊，剛剛開闢了人民幣兌換業務。工作人員是位小夥子，一聽說我們是來自大陸，是來換新臺幣的，忙起身熱情接待，滿臉笑容地舉起一疊人民幣，麻利的手指把鈔票數得嘩啦啦響。這是他們信用社有史以來的第一單人民幣兌換業務。

時隔不到一年，2009年6月，我到金門參訪，愕然發現在金門的不少店鋪裡人民幣暢通無阻。「三罐豆腐乳100元人民幣」、「三包金門貢糖100元人民幣」，許多商家直接在貨架上的商品陳列處紅紙黑字標示。100元人民幣買打包整合的某些商品，這類做法在金門商家中普遍推行，並深受陸客歡迎，既比買單件的便宜，還不用找零。陸客每每到金門，總會大包小包往回帶，除了金門的許多食品好吃又安全外，最主要的是因為交易很方便。

當然，目前，在臺灣地區的一些縣份，人民幣對當地店家而言還是很陌生的。2010年10月，我到澎湖列島參訪，即便在澎湖縣政府所在地馬公島，也沒能遇見一家肯收人民幣的商家。記得一位賣魚乾的老太太對我說她從來沒見過人民幣，不知現在客人給的是真是假，收下了也不知要去哪兒兌換。交易受阻時，就會更加珍惜在金門買賣的方便。當然，有一點可以肯定的是，隨著兩岸金融交流的開放，這種方便將會很快普及臺灣地區，包括邊遠外島。對於大陸，何嘗不是這樣呢？

廈門獲批成立兩岸區域性金融服務中心，業內人士普遍認為，此舉將有力地推進兩岸金融產業集聚發展，並以此為契機帶動其他產業的深化對接與合作。而在於我們小老百姓的直觀理解是，它將使兩岸的買賣更加方便。買賣方便了，成本就會降低，受惠的當然是兩岸民眾。

因此，大家樂觀其成，並寄希望廈門市敢於舉起「先行先試」這柄尚方寶劍，敢立天下之先，趕在中央大的政策出臺之前先推出能夠吸引台資的地方優惠政策，而不是糾結能不能這麼做。

篤定

2012/08

今年夏天，當有畢業生找到臺灣「中央大學」認知神經科學研究所所長洪蘭寫畢業贈言時，洪蘭躊躇一會兒，寫下了「莫忘初衷，永不妥協」八字。

為什麼是這八個字呢？洪蘭解釋道，「莫忘初衷」是人生一定要有比滿足口腹之欲更崇高更偉大的目標，活得才有意義；「永不妥協」是堅持原則，不要貪圖一時之便，自毀長城，莫因意志力不堅強而辜負了大好人生。

雖只有八個字，但洪蘭用它贈予畢業學子是有其苦心的。年輕時立志，少了名利關係的考慮，初衷最可貴；但50歲以後回頭，你走過的路，是自己年輕時立志的那條嗎？

那位於1987年冒著坐牢危險首訪大陸的自立晚報記者徐璐，如今也年過半百了吧？因為在臺灣新聞界最先搶灘大陸，當年的徐璐名聲大噪，職場之路順風順水，歷任自立晚報副總編輯、華視總經理等要職，但如今，在臺灣新聞界，你看不到她的身影了。

躲哪裡去了呢？如果你到臺灣花東縱谷裡的池上鄉，可能就會看到一位整日穿著T恤、牛仔褲，穿梭在稻田與災區泥濘裡的中年女子。作為臺灣好基金會執行長，徐璐正結合池上鄉的社區組織一年四季舉辦「春耕」、「夏耘」、「秋收」、「冬藏」文化活動，吸引了很多觀光客的到來，帶動了池上鄉的餐飲業和民宿業。

從新聞行業的叱吒風雲的掌門人，到慈善事業的默默苦幹的執行人，徐璐走的還是年輕時選擇的那條人生之路嗎？表面上，她的人生之路似乎拐了個大彎，而實質上，她的初衷不僅沒有被忘記，而且變得更為高遠。

在臺灣，有許多人像徐璐一樣，把名利置於身外，沉入民間，埋首公益事業，為建設美好臺灣而身體力行。徐璐的幕後支持者、臺灣好基金會的董事長，就是曾投資300多家科技公司、掌握百億資金的創投之父柯文昌。

島外很多人總在探究，為什麼臺灣有那麼多的人樂於當義工、為什麼臺灣的民間力量那麼蓬勃有力，總能直達公權力不能到達的地方。

首先要回答這個問題，他們的初衷是怎樣立下的？立下後又為什麼能永不妥協呢？60多年前，臺灣光復後，臺灣的小學生上的第一堂課是「孝悌忠信禮義廉恥」八個字，此後他們大多數人的人生就沒有離開過這八個字的約束；60多年後的今天，臺灣社會發生了巨變，但「孝悌忠信禮義廉恥」這八個字仍然是這個社會的道德準繩和行為標準。

這八個字出自《管子》，而非臺灣首創。臺灣不僅不是它的首創者，連提升者都不是——他們並沒有從這八個字生發出許多所謂的教育理念，他們只是莫忘初衷、永不妥協的踐行者，但從這八個字受益到的卻遠超無數花樣翻新的教育口號和標語所能給予的。

這就是中華傳統文化難以撼動的原動力。

台海年月

變樣

2013/03

每逢3月，台海雜誌就會進行一年一度的改版。這回改版，我不禁想起了那些散落在臺灣島內不同平常的派出所。儘管這是兩件看起來風馬牛不相及的事。

新北市三峽古鎮的民權老街是全台最長的老街，有著許多特色店，但成為該街地標的並不是哪家名店，而是三峽派出所。初見三峽所時，我怎麼也不會把它跟派出所聯繫起來，還以為是個傳藝中心，是臺灣朋友提議去裡頭借廁所時我才獲知的。與傳統呆板、肅穆的派出所截然不同，三峽所洋溢著古色古香的巴洛克風，親切、有古早味，成為許多遊客的留影所在。但早期它與其他派出所並無二致，而是在民權老街的改造過程中「拉皮」而成的。派出所所長說，派出所變樣後吸引不少民眾駐足，常有人去借廁所，但對他們的勤務並不影響。

在臺灣，還有不少打破傳統藩籬的派出所。僅在新北市就有好幾所，卯澳派出所，人們第一眼看到它還以為是間民宿呢，幾年前警方為了要呈現卯澳所獨特的靠海風格，特別請建築設計師精心設計，打造出似地中海風格的特色建築。金瓜石派出所，位於著名的九份山城，建於日據時期，原先只是木造平房，九年前為配合瑞芳黃金博物館進行了裝修，修舊如舊，充滿懷舊風格，當你走近它時，便會有警員掛著笑容問你「要拍照嗎？需要幫忙拍嗎？」可見，遊客與它合影留念已是稀鬆平常事。

派出所做如此變樣在我們看來已是稀奇事，但深入瞭解，會發現，稀奇的還不只是外觀，還有內裡。全台最北的派出所石門分駐所，儼然成為環島旅遊者的家。環島客抵北海岸時往往已是暮色四合時，環顧幾無人煙的石門，唯有分駐所大門敞開、燈光暖人，走進派出所，不僅有免費食宿，而且，萬一車輛出故障，也能在這裡得到及時維修。派出所專門備有修理器具，以備環島客不時之需。而上述提到的金瓜石派出所像個遊客中心，所裡有各式各樣的旅遊簡介供遊客免費索取，甚至有媽媽要為寶寶換尿布時，也會有警員迎上問：「我能做什麼？」

回想在臺灣那些派出所的所見所聞，我便想，被賦予公權力的派出所為貼近民眾尚且能如此放下身段，裡外變樣，我們這樣一本初衷就是為兩岸民眾而辦的雜誌，又有什麼理由放在空中樓閣呢？

每年改版，我們都想往讀者的內心更深入些。報導政治人物時，我們寫他的施政方針，也寫他的家長里短；報導台商時，我們關注大咖，也關注小店家；報導財經時，我們追蹤兩岸經濟風向標，也教人如何讓壓歲錢生出更多錢。

這年頭，總想高高在上的，常會缺氧；相反的，放下身段做好一件件小事的，反而能獲得生機。設派出所如此，辦雜誌亦然。

震生

2013/05

2013年4月20日上午8時2分發生的四川蘆山強震，又一次勾起我記憶裡與地震有關的兩個片段。

第一個片段是發生在上世紀70年代末，我剛懂事。記得家裡的門後通常掛著一串鑰匙，那種鑰匙是專門用於開老屋厚厚木門的，有普通鑰匙的兩倍長，且是銅制的，所以幾根鑰匙串在一起，搖動時特別響。父母把這串鑰匙掛在門後，是作為報警用的，以防當地震發生時全家熟睡不知逃生。當然這串鑰匙始終沒有派上用場，我們也不希望它派上用場。但因為這串鑰匙的存在，我們自小潛意識裡就特別畏懼地震的發生，並根深柢固地記住，當房子搖晃時，就得趕快往外跑，來不及的就躲在桌子底下。

還有一個片段是發生在1999年底。我們住的那個小鎮瘋傳要地震了，雖然房屋紋絲不動，人們還是扶老攜幼地往外跑，跑到哪裡呢？田野裡，操場上，還有十字路口，那兒的地比較大。有很多人晚上都不敢回去睡，坐在預先帶出的凳子，頭像雞啄米似地打盹。熬到天明，發現什麼事也沒發生，才回家，但回到家裡心裡又很不踏實；太陽一下山，人們又一次傾巢而出，老人在寒夜裡抱著被子瑟瑟發抖，孩子們則在父母的懷抱裡睜大驚恐的眼睛。如此驚心動魄地折騰了一周，才聽說將地震的消息純屬謠言。

這兩個片段相隔20年，但所呈現出的是，我們面對地震的素質並沒有跟著時間向前跑，而是相反。在1999年全鎮瘋傳要地震了的一周裡，沒有哪個人出來說說話，出來安撫悽惶的民心，告訴大家該怎麼辦或者闢謠，由著鎮上的人一會兒跑曠野一會兒潛回家，惶惶不可終日。

另外，今天細細琢磨，這兩個片段的出現其實是有大背景的。上世紀70年代末，家家戶戶門後的那串鑰匙，想必是由發生於1976年的唐山大地震催生的；而1999年導致我們小鎮的人們相信了地震的謠言，估計是因為一水之隔的臺灣剛剛發生921大地震。我們總

HOTEL

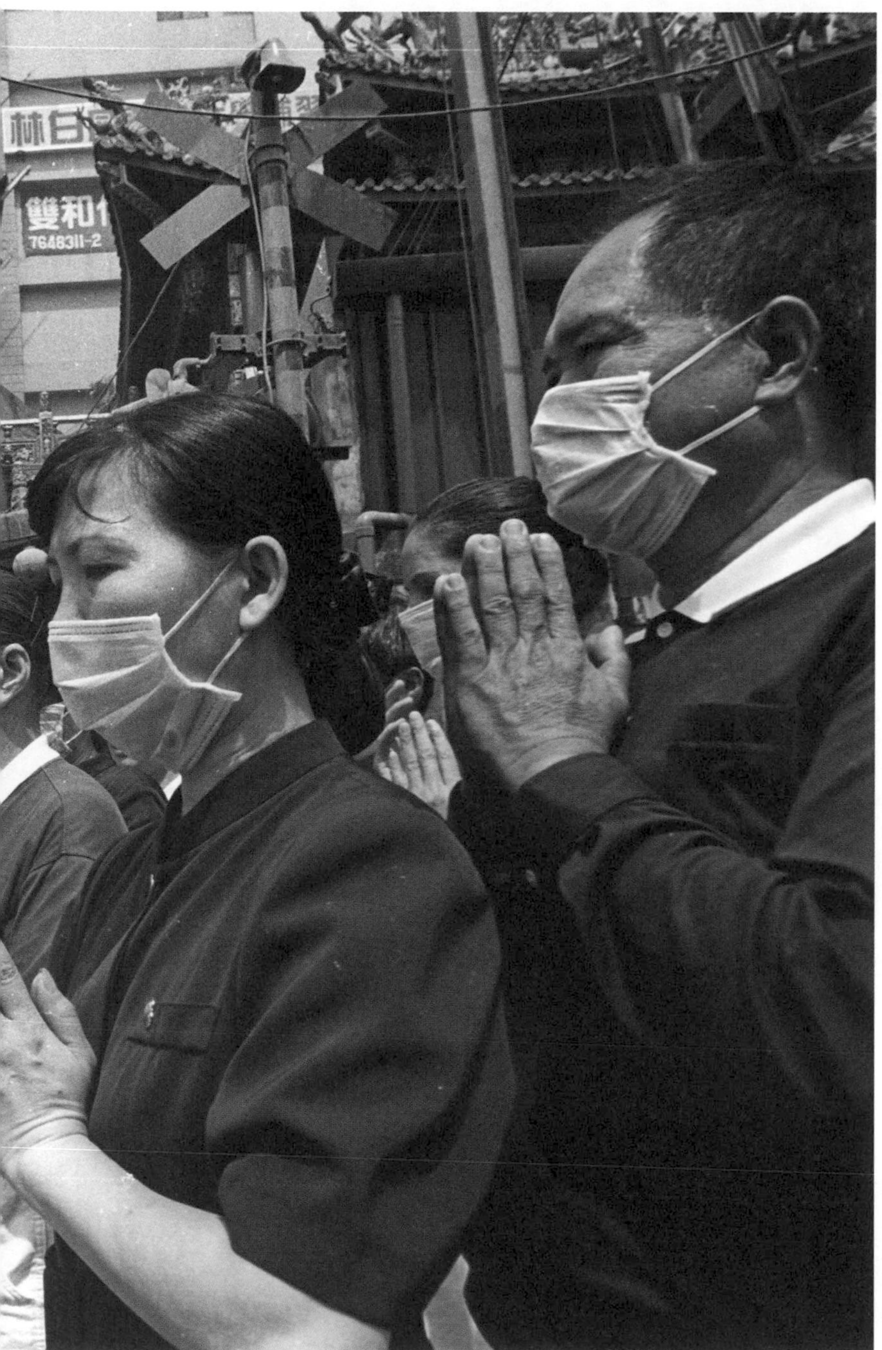
雙和
7648311-2

有個慣性，常要在為某個重大事件交足學費之後，才心有餘悸地高度重視；而一旦事情過去一些時日，人們又逐漸麻木。對地震的態度，就是這種慣性的表現。在上述兩個片段之間的20年裡，我記憶裡沒有接受到對地震任何相關的訓練。

比起汶川地震，大陸各界對蘆山地震的快速反應贏得普遍讚譽。我雖然未能深入災區採訪，但從災區傳來的感人消息常常讓我情不自禁落淚，尤其是孩子或無助或清澈的目光總讓我的眼淚怎麼關都關不住。可眼淚擦開後，情緒平復下來的我又不得不承認，面對大事，我們還是難免慌張，比如，綠色通道的嚴重擁堵，輿論場上的爭吵不休。在防震抗震方面，我們需要學習的還很多。

臺灣一年地震不下30次，但臺灣朋友說起地震時的從容勁兒總讓從小談震色變的我羨慕不已，但羨慕歸羨慕，要學到他們的淡定還真是難。那種淡定，除了因為在那個多震的島嶼上，他們久經歷練、見多識廣、心理素質超強外，還因為他們從小就掌握了豐富的抗震、救災、逃生等知識和技能，腹中有物，遇事不怕。再來，他們對地面建築物的抗震能力有充分的信心，全島建築物必須能抗七級地震，他們對這，一丁點兒也不懷疑。當然，台灣朋友也很羨慕大陸在突發事故發生時能快速動員整合各方力量。

過客

2013/09

小時候偷看臺灣電視時，我們很羨慕島內的女生，結了婚就不用去上班，只需在家相夫教子即可，不用像大陸的已婚女子，要跟男人一樣，為生計奔波。

而今，有的大陸女生愛上臺灣男生，卻因為婚後不能去上班只能在家相夫教子，而提出分手。對於這些已經長大的大陸女生而言，工作權變得無比重要，而偏偏，臺灣對陸生的「三限六不」政策和陸配政策無法滿足大陸女生迫切的工作權。她們斷難接受讀了四年本科和兩年研究所後，人生舞臺只剩「家」這個方寸地。

「三限六不」政策，明確規定陸生畢業後不能在台就業。那麼，女生嫁給臺灣男生後，成為陸配，是不是就能改變這種境況呢？答案顯然是否定的。她們成為陸配六年後才能取得身分證，取得了身分證後才能開始找工作。這時候，她們已經錯過了就業黃金期。

被拆散的戀人，恨透了「三限六不」政策和陸配政策。這兩個帶有歧視性的政策固然可恨，但它們還不是女陸生要嫁給男台生要逾越的最大障礙。

觀念有別，是道很深的坎。

大陸女生談婚論嫁時必想得到滿足的條件，是房子。而臺灣，尤其是台北，絕大部分的人是租房住的。台北房價奇高，住在這個都市裡的年輕人才不會傻傻地去攀這座天梯呢。我有好幾位朋友，他們雖已在各自的領域有所成就，但夜晚來臨時，回去的窩依然是出租房，但這並不影響夜歸人進入夢鄉。他們說，買房是結婚的條件，這在臺灣已經是上世紀八、九十年代的事了，而今，如果誰家的女兒還要抱著這個條件不放，她八成嫁不出去。

臺灣的人口負增長率位列全世界首位，大部分的年輕人都不願意生孩子，因為付出的成本太高，尤其是女性。在大陸，爺爺奶奶外公外婆幫帶孫兒似乎是天經地義的事，而在臺灣，如果把幼兒扔給長輩去帶，很多時候是會被認為不孝的，正如聖嚴法師曾這樣告誡年輕父母，大意是，長輩已操勞了大半生，晚年時，你們再讓年邁的他們為奶瓶和尿布所累，是很不該的。所以，在臺灣，不放心保姆的年輕媽媽往往不得不為孩子的出生成長停職好多年。而大陸的知識女性絕大部分很難做到這一點，即便她們到臺灣讀四年或六年的書，對上述觀念的接受度也是相當有限的。

儘管海峽兩岸的配偶，每年以1至2萬對的數量增長，今年已達到34萬對，其中閩台結緣的高達10萬對，但必須看到，嫁到島內的大陸新娘，主流人群並不是知識女性，雖然近幾年，後者的比例有所上升。

兩岸婚姻，對兩岸融合的作用有目共睹，若有愈來愈多受高等教育的年輕人，跨海成佳偶，助推力道將會更足。

面對「三限六不」政策和陸配政策何時放寬以成就更多跨海戀情這一問題，有島內學者認為，制度設計有其政治考量，不應該去刻意營造或阻止兩岸戀情。話雖如此，但制度設計如果能更多考慮人的感受，不是更好嗎？畢竟，關注人，關注人的命運，才是制度設計的根本。

況且，想成為歸人的過客，遠不只這些正陶醉愛海的人，還有那些想以自己學成助推臺灣經濟再次騰飛，並從中獲得施展才華之舞臺的人們，比如赴台陸生。

保守政策的每次解套，都會一點一滴地增進兩岸融合。融合度越高，觀念的坎就會變淺變寬，填平不了，也能有更多的理解包容。

8月中旬，臺灣「中華黃埔四海同心會」的將軍們到廈門普陀岩寺，那天下著雨，有位將軍感歎道：「風雨故人來⋯⋯」普陀岩寺的達源法師迎上來，說：「歡迎回家！」

期待島內也能敞開如此的胸襟。

醫者

2013/10

做B超時，尿，憋不夠，好辦，再喝水嘛；憋太滿了，怎麼辦？

對於這個很簡單的問題，本來不會有不同的答案，可是根據我的經驗，兩岸醫師的回答，卻是很不相同。

有位孕婦到廈門一家醫院做B超，把小腹快脹破了，終於熬到叫號。

躺上去，醫生一照，冷冰冰地說：「太滿了，去排一些。」一些，是多少？孕婦剛要發問看醫生那張臉，不敢多問，趕緊挺著痛苦的小腹到衛生間排尿，她排了一下，很快又收住了，她怕萬一排多了，小腹扁下來做不了B超。

孕婦第二次躺上去。醫生提高聲調，喊道：「去去去，再去排。」這回，要排多少才夠呢？孕婦怯怯地問。「再一些。」醫生不耐煩地喊道。

孕婦第三次躺上去。醫生終於忍無可忍地吼道：「你怎麼連排尿都不會！太空了，再去喝水。」還要喝多少呢？孕婦像一個老做錯題的孩子問問題時，連看都不敢看醫生。後來，她沒有等到任何的回答。

第四次躺上去時，膽戰心驚的孕婦總算沒被趕下操作台，她終於猜對了這位醫生出的謎題。

不幸，這位狼狽不堪的孕婦，就是我。

後來，我再也不敢到這家醫院做產檢了，而轉向一家臺灣同胞辦的醫院。又到做B超的時候了，我一樣碰到了尿憋太滿的時候，正當我忐忑不安，唯恐碰到上次的遭遇，可沒想到，我的顧慮純屬多餘，做B超的臺灣醫生和顏悅色地對我說：「你去排一些，排的時候，從一數到五十，到了五十，就停下來。」

回想起上次的遭遇，我對這位臺灣醫生的態度，簡直是感激涕零，活到40歲，我第一次被教會，尿憋太滿時，該怎麼辦。

台海年月

這就是我和我的同事們決定把這一期的特別策劃留給臺灣醫師的原因之一。當然，如果，臺灣醫師還遠在海峽對岸，這樣的策劃就意義不大。關鍵是，他們已來到我們的身邊。

近幾年，踏著兩岸和平之波而來大陸的臺灣醫師愈來愈多。他們，有的利用假日，「打飛的」而來，當起飛刀手，據說一個周末領回的報酬就可能等同在臺灣一個月的薪資；有的到大陸的醫院或診所，長期坐診，成為被大陸患者信賴的醫者；還有的，乾脆把診所或醫院開到大陸來，在把臺灣的醫療文化帶到大陸的同時，在大陸也是收入不菲。

臺灣醫師與大陸醫師有啥不一樣呢？醫術更高明嗎？那倒不見得。據瞭解最高明的那撥醫生大部分還是留在島內。那為什麼，臺灣醫師登陸後能迅速贏得患者的信賴呢？

因為，他們首先成為患者的心理諮詢師，不厭其煩地聽患者傾訴身體的病痛和內心的痛苦。可是在大陸的醫生，能夠和顏悅色地傾聽患者的訴說的並不多見。不管是看門診或者住院，請醫生多給你幾分鐘聽你訴說，恐怕是一種奢望。不是沒有這樣的醫生，而是不多。但在臺灣，「病人是醫生的上帝」已成為普遍的醫療文化。難怪一些台商不習慣在大陸看病，採訪中，他們說：「大陸的醫生，像做官的。」

兩岸醫療文化不同，其來有自，這也不是做醫生的能解決的。因為大陸的醫生考核、晉升條件與臺灣不同，所以臺灣醫生登陸後，也不明白大陸的醫生，為什麼不一心一意地給病人看病，還要寫論文、評職稱，搞各種各樣的評比。在臺灣醫院裡，沒有什麼正高、副高之類的職稱，而是只分住院醫師和主治醫師。醫生一旦開始執業，只需一輩子安安心心治病救人，不用為寫論文、評職稱而煩惱。病患也是只認主治醫師、住院醫師，不管院長、副院長姓啥名誰，因為那些只是行政職位，跟自己無關；病能不能治好，只跟自己的主治醫師、住院醫師有關。

患者就更追究不了解決不了深層次的問題了，他們只管問，這位醫生對我好與不好。像憋尿這類問題的答案，恐怕不需要深奧的理論，寫研究論文去論證，只要設身處地地體諒病人的困難，把病人當親人，不就行了嘛。臺灣醫生、醫院的這些做法，大陸在醫改中是不是也應該學習借鑑呢？

紅娘褪色

2014/02

年前，當了一回紅娘。牽的線，一頭是大陸姑娘，一頭是臺灣小夥。

結果，臺灣小夥很滿意，想「逗陣走」；大陸姑娘卻說「沒感覺」，走不到一塊兒。

線就這樣斷了。但這條線卻把我的記憶接到了20多年前我的家鄉。

我的家鄉就在臺灣海峽的邊上。我們，從小就能撿到從臺灣漂來的漂流瓶，聽到從金門傳來的雞鳴，看到老三台製作的電視。那時候，不少人打心裡羨慕臺灣，特別是到了臺灣開放探親後，恨不得與臺灣人沾親帶故。

阿春是我從小一起長大的玩伴，有一天突然不見了，我們找了她多日後才聽大人說，她被父親賣給了一位臺灣老兵。為何說「賣」而不是「嫁」？一是因為那時她才16歲，嫁給老兵，肯定非她所願；二是據說她父親從老兵那裡得到了一筆大錢用以改善家中生活。我今天回憶起這事，還覺得毛骨悚然。但是，依稀記得，人們雖暗地裡議論她父親太狠，而似乎最後都表示了理解。1987年，大陸雖說已改革開放，但比起臺灣，還是窮得很。人窮志短啊。

過了幾年，也就是上世紀90年代，與臺灣人結婚成為了我們那個小鎮的時尚。與阿春有別的是，這些姑娘心甘情願，甚至以此為榮。阿華經人介紹嫁給了一位來杏林台商投資區工作的台幹，搬到縣城住，她的娘家也因此脫貧致富，母親不用擺攤了，老是討不到媳婦的哥哥馬上有人倒貼上門。左鄰右舍常常羨慕地說，阿華命真好，不用幹活又能吃得好穿得靚。同樣經人介紹，阿小嫁給了一位臺灣農民，與阿華不同，她直接去了臺灣，耕農田種果園，與丈夫同甘共苦勤勞致富。看到她衣錦還鄉，表妹便托她找臺灣人嫁。結果，表妹嫁到的卻是懶漢，日子過得緊巴巴，婆媳兩天三吵。表妹怪阿小把她往火炕推，表妹的婆婆怪阿小挑來的是個燙手山芋。阿小發誓從此不當紅娘，但一回到娘家找上門拜託她牽線搭橋的還是沒少。

離開家鄉好多年，而今我偶爾回鄉，已無人再熱議大陸新娘了。只是這次自己當了回牽不來線的紅娘，那些早已飄遠的往事才又一一浮現。兩相對比，驀然驚覺，時代真的變了。

誠如廈大台研院院長劉國深先生的體會。20幾年來，他無數次往返兩岸，為兩岸的深入瞭解當紅娘。他說，這些年下來自己最深的感受是，大陸不僅在物質文明，而且在精神文明方面與臺灣的差距迅速縮小，這種差距的縮小，有助於兩岸之間展開平等對話。大陸姑娘對待臺灣小夥的擇偶觀念之大變，不正說明了這一點嗎？

這些年來，樂於當兩岸紅娘的遠不止劉國深。曾影響幾代人的臺灣作家白先勇、《八千里路雲和月》的主創者凌峰、遊走兩岸民間俠氣逼人的名嘴黎建南、百變藝人郜智源、太太為「臺灣製作」的潘威廉……他們都以各自的方式為兩岸牽線搭橋。每逢佳節倍思親，在馬年春節期間，我們輕叩他們的心扉，靜靜地聽那些故事從心底流淌而出，感覺就像對著正層層剝開的洋蔥，有時鼻子一酸，有時熱淚盈眶。

連回不了家的林毅夫都感慨，兩岸融合速度之快遠超過自己當初的想像。越熟絡就越不需要紅娘的穿針引線，就像我牽不到一塊兒的那對年輕人，說不定他們走著走著就各自碰到了心儀的對岸人。

紅娘不再那麼紅了，但這肯定不會是紅娘的遺憾。

與環境講和

2015/05

以前，總覺得癌離我們很遠。可在剛剛過去的半年裡，與我有關係的人患癌好幾個。先是我形同姐妹的摯友，接著是我三天兩頭就會碰面的親戚，後來，還有老鄉和同學，最近，接連三屆應邀出任台賽評委的一位臺灣著名攝影家不得不缺席第四屆評選，因為他的妻子也罹癌，他在給我們的短信中，寫道：「她若不在了，我照片拍得再好，又有什麼用呢？」

腸癌、鼻咽癌、乳腺癌、肝癌、肺癌……這些名目，這陣子，我不時聽到，一下子發現癌離我們很近很近，它已經不再是少數人才會得的病。

以前，聽癌色變，儘管得癌的都是平時與我沒什麼關聯的人，但聽到某某人得癌了，就會忍不住抖擻一下，感覺他必死無疑。現在，我身邊的人患癌了，我經常去看望他們，反而發現，「癌」事實上不像我們認知的那麼可怕。我的那位姐妹般的摯友，得了腸癌，從懷疑到確診，再到經歷7個小時的手術，她沒在人前流過一滴眼淚，直到手術後在病榻上，兒子來看她，她才啜泣了一會兒，之後，就不再見她流淚，不曾聽她抱怨。手術康復後，她還教書，還寫作，還開咖啡館，彷彿未曾經歷過大病一樣。有生以來，我第一次覺得癌實際上不那麼可怕，就是從她身上。她出院不久，我的一位親人就查出鼻咽癌，他在妻子的悉心照料下，竟然比原來胖了六七斤，之前他經常熬夜，現在過的是正常人的生活，心態又好，整個看起來一點不像患絕症的人，周末，他還經常和我們一起去野炊。

我所見到的這些，幫我澄清了兩個誤解。第一個誤解，癌離我們很遠，少數人才會得；第二個誤解，得癌很恐怖，必死無疑。這兩個誤解造成了兩種極端。由第二個誤解造成的極端，是無限誇大得癌後的嚴重程度，比如文學影視作品一旦寫到某個人物得癌，就極盡悲情渲染，連個掉頭髮都要花好多筆墨描述它對患者的打擊，

事實上，即使頭髮掉光了，化療結束後，它們都會一一長出來，可能還更茂密。而與之相反的另一種極端是，人們對造成癌症發病率上升的原因極其漠視，處處可見無知者無畏的「大無畏精神」。殊不知，這才是我們最該恐懼的。

江蘇省吳江區北庫原本是一個小橋流水人家的江南小鎮，後來，這個小鎮上許多戶人家都成立家庭作坊，投入到了製作銅字招牌的大軍，北庫的銅字招牌行銷世界各地，就這個行當，北庫一年的總產值就達到幾十億人民幣，北庫也從一個小鎮躍升為經濟開發區，但同時也陷入了萬劫不復的境地，出現了多個癌症村。就癌症人數，北庫占整個吳江區的40%。原來，銅字招牌製作有個環節叫「爛牌」，即腐蝕字牌。這些家庭作坊，把爛牌後的含有硝酸、鹽酸、硫酸和三氯化鐵的藥水未經任何處理隨意排入河道，日積月累終使河道不堪重負，河道的水被染成了黃色，魚蝦絕跡，在河水裡洗手後，手會脫皮和起泡；村裡的道路也被染成了黃色，污水所到之處連草根都被毒爛……

攝影記者王小兵冒著危險，潛入北庫，「偷拍」下了組照《銅字招牌染出癌症村》，投給本屆台賽「台海環保科技新聞類」，並獲獎。與往屆一樣，環保類的來稿，仍舊保持了高水準，除了《癌症村》之外，還有《霧霾下的孩子們》、《彩色中國水》、《粉塵下的工人》等作品。但每次看片，這類作品的攝影水準再高，也無法讓我開心，而往往是，拍攝技巧越高的作品，它揭示的環保問題越是觸目驚心。這難道應證了「動盪出巨著，痛苦出詩篇」的創作規律嗎？但若非得如此不可，我寧願自己讀不到巨著與詩篇。

《颱風的另一場救助》奪得了環保類的金獎，這讓我開心了些，它敘述了颱風過後一個村莊如何救助受傷的白鷺的故事，片子特別暖人心。

與環境講和，癌症的發病率才能降下來。「她若不在了，我照片拍得再好，又有什麼用呢？」

第五章 灣行

我們告別澎湖時是那麼的戀戀不捨，

有一份溫情裹著我們不得不跨出的雙腳。

這份溫情，

就在，

創意巷裡賣海螺的小妹，

螃蟹館裡激情講解的大叔，

一路上噓寒問暖的導遊……。

凍蒜

2011/12

凍蒜！凍蒜！這陣子到臺灣，耳邊如雷貫耳的就是「凍蒜」之聲，眼前所見的常常不是藍、就是綠、要不就是桔這三種顏色。

凍蒜，意即「當選」，這個閩南語詞彙，在臺灣地區領導人競選期間，散發出了濃濃的鄉土味和蒜頭香。

參選人，無論是國民黨主席馬英九，還是民進黨主席蔡英文，或者親民黨主席宋楚瑜，誰跑基層勤、誰耕鄉土深，誰身上的蒜頭香越重，凍蒜的呼聲就越高。

這就是為什麼宋楚瑜在遠離權力中心那麼多年後重新宣布要參選「總統」仍能獲得一定的「凍蒜」聲，因為一部分選民深深懷念宋楚瑜任「臺灣省長」那些年走遍臺灣所有鄉鎮訪貧問苦的身影，其作風與當年的諸多國民黨官僚大相逕庭。

當然，馬英九和蔡英文也深知選票與跑基層密不可分。馬英九到災區去，當披麻戴孝的災民對他哭訴時，他會及時地把肩膀送上去，而不會像2000年「總統」參選人連戰到災區時碰到下跪的災民竟不知所措。蔡英文幾乎跑遍了全島大大小小的高校，與學生貼心交談而非學究式說教，給年輕選民留下了清新親切的形象。所以，宋楚瑜參選雖加劇了馬英九選情的危險性，但他本人能否選上已被貼上「無望」的標籤，現在，膠著各方都勤跑基層深耕鄉土了，不只「宋省長」身上有地氣有土味有蒜香了。

為加重自己身上的蒜香，選戰各方常常圍繞基層圍繞民生話題而開打，這不，最近，藍綠柿戰如火如荼。民進黨為抨擊馬當局執政下果賤傷農，推出了「無采工」水果月曆，標示10月份柿子每斤2元（新臺幣，下同），強調農民賠得慘，而事實是，甜柿每斤起碼4、50元。民進黨此舉造成了原本好價的柿子，因為中盤商非按2元收購、果農覺得低得離譜不賣而嚴重滯銷。民進黨口賤傷農，國民黨便順「柿」追擊，「立委」痛批綠壞了市場行情，果農說柿可殺不可辱，網友發起「我們負責團購、民進黨負責出貨」，一時間民進黨競選總部「兩元買柿子」的電話不斷。藍綠主帥還親赴產地較勁，在馬英九一口氣買了5000公斤甜柿的帶動下，副手吳敦義、台「國防部」「法務部」等一下子買了10噸的甜柿。民進黨自然也不放過與選民拉攏感情的機會，在競選總部門口賣力促銷滯銷的水柿。

縱觀柿戰，參選雙方卯著勁買柿子，似乎好康了果農，果真如此，果農肯定巴不得「執政黨」與「在野黨」天天吵架，爭著為他們解決難題。但細細思量下，這是選舉時期，選舉一過，政黨心中是不是仍有民眾，仍能急民眾所急呢？這才是選民真正關心的。

選戰文宣無論如何吸引眼球，它終究只是形式，而落實到位的施政綱領、具體的利民政策才是根本。馬英九執政三年，僅臺灣釋迦銷往大陸就成長了43倍，而這只是兩岸和平發展的其中一個小小的成果罷。大陸廣大的市場正對臺灣產品不斷開放，這些產品當然遠不只是釋迦、柿子等水果。馬英九的兩岸政策和成果成為了他執政時期的最大亮點，也是他競選連任對選民最大的說服力。喧囂的柿戰過後，選民想必會冷靜思考，誰真正能夠帶領臺灣走出農業困境；什麼樣的兩岸政策才能給臺灣創造經濟持續增長的良好環境，從而給臺灣選民帶來福祉。

凍蒜！凍蒜！只嗆一時的大蒜味，只會讓選民捂鼻；日久彌濃的蒜頭香，才是選民的最愛。

笑率

2013/01

《天下》雜誌曾對臺灣民眾的幸福指數做了調查，以滿意度和重要度作為參考座標，得出的結論是，臺灣人對「家庭生活」感到最幸福。

看到這個調查結果我並不感到意外，我平時交往的臺灣友人，他們對家庭生活的重視時時可見。攝影家王國明，時常拍臺灣各地的媽祖巡遊，一次去就好幾天，但每個晚上，他都會驅車兩三個小時趕回台北陪兒子，儘管進家門時，兒子已經入睡，第二天早早離開家時，兒子還沒醒來；我們的另一位朋友，中國時報圖片中心主任、知名攝影家黃子明，每天晚上都值班到淩晨兩三點，睡幾個小時後就得趕快起床，為女兒做素食午餐並送到學校，因為女兒從出生之日起就吃素，而學校裡都是葷食，日復一日的送餐，非常繁瑣，但黃子明從來就沒要求女兒戒掉素食，改吃學校的午餐；台海雜誌專欄作家、《新新聞》雜誌原主編彭基原，更是位超級奶爸，他的兩個孩子都是他奶大的，為此，他停掉了外面的工作好多年。

記得有一年，國民黨榮譽主席連戰出訪大陸，其間，母親生病的消息傳來，他馬上中斷了與大陸方面的一個重要會晤，飛回臺灣。此舉，也許有人不解，但當與臺灣朋友相處多了，你便會明白，連戰會這麼做，是有社會大環境為基礎的。《天下》雜誌的調查結論更進一步佐證了這一點。

我也是一位11個月大孩子的母親，當懷有他時，我也曾擔心有了孩子後，工作就沒辦法這麼拚命了。「不是你不努力，而是孩子是職業女性的拖累」，關心我的人給了我善意的忠告。的確，我們總是把工作幸福與家庭幸福對立起來，對女性更甚；我們總是生活在片面且左右衝突的概念裡：你在家庭與孩子身上用的心多了，在工作上用的心必定會少下來。為什麼不去反問一句：那些對家庭對孩子不上心的人，難道工作就一定很用心嗎？

我的上述幾位臺灣朋友，他們並沒有因為把家庭生活當作人生最大幸福在追求，而影響了工作而減少了對社會福祉提升的貢獻，相反，他們在各自工作領域都取得了傲人成績。而我在成為母親之後，對工作的熱愛並沒有消減下來，因為孩子成了我工作的加油站，每當在廣告客戶那兒受氣後，看到孩子的笑臉，我的氣就消了；每當寫完一篇文章出完一期刊物，我就更加帶勁，因為母親的榜樣力量又多了一次累積。

那天，彭基原來訪，我們用四分之三的時間談工作，用剩下的四分之一時間談孩子，這並沒有妨礙我們的工作，相反的讓我們編輯與作者之間的互動更加親密無間。

寫了這麼多，並不是要一味地強調只有擁有孩子才能幸福。記得我還是單身時，人們時常無限同情地給我的另一個忠告是，別太拚命工作，否則你會嫁不出去。那時，我很想回答他們，不，我很感謝工作，是它讓我的單身生活很幸福。

是的，對幸福的定義有千萬種，只有當事人才能給出最準確的答案。宏碁集團創辦人施振榮是從血汗工廠的時代過來的，他說，那個時候，他沒覺得不幸福，「沒有血汗，怎麼會有希望呢？」他還說，自己從不為做過的決策後悔，因為在當時的時空背景下，只能那樣，後悔只會傷身、傷心、傷神，這樣不幸福。所以，他眼裡的幸福，是家庭、身心、工作三個面向的平衡。而五月天主唱阿信眼裡的幸福是一塊披薩，配料是不是頂級不重要，重要的是比例。他說：「我比王永慶幸福吧，我沒有辦法想像，如果到九十歲還要工作是什麼感覺。」

施振榮創辦宏碁集團時，阿信剛滿一歲。這兩位不同時代的創業家，對幸福的詮釋不盡相同，但都同樣為提高社會幸福指數作出了貢獻。

幸福，並不是GDP上去了就一定可感。若GDP上去後，幸福指數沒有跟上去，一定是某個方面出問題了。

2013年，我們要追求的，不只效率，還有笑率。

台海年月

何以解毒

2014/01

歲末年初，「盤點」滿天飛，一個最閃亮的名字躍入眼簾——林杰樑。

他位居「2013臺灣十大新聞人物」之首，超過了李安，更超過了馬英九。

他是臺灣長口林庚醫院的醫生。但他不是一名普通的醫生，而是世界有名的解毒專家。巴拉刈你知道吧？是世界上使用範圍最廣的農藥，但中毒後無藥能解。後來，巴拉刈解毒劑出現了，全球中毒者死亡率因此大大降低。解毒劑的研發者就是臺灣醫生林杰樑。

但人們愛戴他，不只是因為他發明了許多解毒劑，不只是因為他在全球範圍內救人無數，不只是因為他常常行走鄉間村野無所求地義診，也不只是因為他在各種食品安全事件中不畏權貴發聲，還因為他總是不厭其煩地教人們如何在日常生活中防止毒從口入。他曾說過：「當醫生，一次只能救活一個人，但透過媒體教育民眾可救活一大群人。」

因此，人們通過他坐客的節目懂得了，深海魚儘量少吃，巴掌大的魚儘量多吃；進補了動物內臟也同時吃進了很多毒物；蔬菜的凹陷蒂部實際上比最外層農殘留更多；香蕉要洗了再剝，柳丁要洗了再切；解毒餐是騙人的，因為沒有哪種食物是可以解百毒的；漢堡薯條炸雞每月只吃一次無妨，因為身體排得了這點毒……。

2013年8月5日，這位解過百毒的毒物專家卻中無名毒而病逝於55歲。無數臺灣民眾痛泣「食品安全守門員走了」、「臺灣良心沒了」。年底時，大家把「臺灣十大新聞人物」的桂冠戴在他的靈魂之上。

人們對林杰樑的無盡思念，恰恰透露出對食品危機的深深恐懼；人們對林杰樑的無窮信任，恰恰說明了對奸商庸官的高度懷疑。去年一年來，臺灣食品危機事件層出不窮，3月毒澱粉，5月毒泡芙，6月死豬肉，10月黑心油，12月含激素奶粉……長久以來，

不是

臺灣一向以優質食品立世，竟接連爆出毒物，不禁令人感慨唏噓。

年關又至，家家戶戶到了採購年貨的時候。記得小時候，跟著母親出去採購年貨是件十分喜悅的事，雖然年貨的品種很少，但大人買得放心，小孩吃得歡心。而今自己成為了母親，為孩子買年貨卻常常膽戰心驚。幾天前，我給孩子挑了罐主打最讓媽媽放心的兒童肉鬆，誰知，親戚來做客，順手拿起放在餐桌上的那罐肉鬆，瞅瞅了品牌，說：「我親戚就是專門幫這個廠家到鄉下收購老豬母、老豬哥的，那豬便宜得很。他說做肉鬆的都不吃肉鬆的，你們也別吃！」小時候吃飯能配肉鬆，那個美呀！現在，我聽到肉鬆二字就想吐。

是誰倒了我們的胃口？每年一到年關，打一場舌尖保衛戰就喊得賊響，但年年月月屢戰屢敗。想想，林杰樑這位解過百毒的專家都難逃毒害，我們這些小老百姓又有什麼能耐躲過無孔不入的毒呢？

定力

2014/06

一、二十萬人湧上凱達格蘭大道靜坐，青年學生連「立法院」、「行政院」都攻佔了……臺灣，亂成一鍋粥了嗎？不少人一定這麼認為。

錯了！臺灣社會依舊井然有序，人們該幹嘛還幹嘛。這些在外人眼裡特別亂的現象，臺灣人面對之，就像他們三天兩頭就會經歷地震一樣，連跑都不愛跑，超市的商品被震得落了一地，無非多彎幾次腰把它們撿回架上罷。

前陣子，我到臺灣出差，各種街頭運動剛剛稍息，如果不是臺灣朋友在我行經的路徑上熱情地介紹，這兒昨日有多少人集會那兒昨晚有多少警民衝突，我真的很難看出所經之處前一天出了大事，行道上，綠草如茵、花兒照開。

那麼，臺灣，這個汪洋中的島嶼，它的定海神針在哪兒呢？

不是高懸於廟堂之上，而是珍存於民間鄉野！普通民眾才是神針的主人，而社工便是握住神針、定力十足的其中一支手。

記得八年前，我有幸被選調參加由中國記協、全國婦聯發起的名為「中國女記者百人行」活動，專門為婦女的性別平等奔走呼號。這項活動讓我對臺灣社工有了初步印象。當時，家暴是我們重點反擊的，而臺灣給我們提供了有益經驗。臺灣婦女一旦遭受家暴，社工一定會馬上介入家庭中去調解，若調解不成並預感到該婦女有可能再次受到傷害時，社工機構就會為該婦女提供安全環境以庇護，而不是把家暴當作家務事草草視之。

臺灣社工並不局限於解決家暴問題，而是遍布社會各個層面，包括社區、學校、醫院、軍隊等，而弱勢群體越龐大的地方，社工的比例就會越高。

何謂社工，不少人會把它跟義工、志願者等同。其實不然，它首先是一種職業，是一種幫助人和解決社會問題的工作。

生活中俯拾皆是的例子可以幫我們認識這份工作的面目。比

如，一位老人要被送到敬老院，這時候，社工就出現了，他會進入到老人的家庭和所在社區去瞭解，老人是自願到敬老院還是遵從家屬的安排？他能自理還是需要被特別護理？他的生活習慣和宗教信仰又是怎樣的？還比如，一位男孩，家庭遭受了變故，父母因車禍一人身亡一人癱瘓，社工除了為這家人申請補助外，還得為男孩做心理調適，因為男孩深受打擊已決定棄學。這位社工陪伴這個動盪的家庭十幾年，直到男孩考上大學，直到他娶妻生子。有的家庭，可能一家三代遇到問題時都會想到同一位社工。

在臺灣，為什麼有那麼多人樂意去當社工，去不厭其煩地處理那些雞毛蒜皮的事呢？首先，社工的薪酬不低，普通社工平均月薪是3萬5000元新臺幣，折合人民幣7000多元，高級社工的薪酬又比普通社工高出不少，安居方能樂業。其次，臺灣社會各個面向對社工的重視由來已久，早在1977年，臺灣就出台了「『政府』社會工作計畫」，計畫細緻到對鄉鎮、社區需配備多少名社工都有嚴格的規定，以行政力量推動社工進入基層，幾十年來又多次「立法」「修法」以規範社工；各個大學也積極辦好社會系，培養社工人才，早在1974年，東海大學就創辦了社工專業，可以說，高校是最早的發力點並參與推動「政府」往前走。再來，臺灣社會長期以來提倡向善獻愛心，是世界上義工密度最高的地區，無報酬的義工都那麼熱心地服務弱勢群體，報酬不低的社工更是責無旁貸，採訪中，不少社工對這項工作表現出的宗教般虔誠，幾次令我熱淚盈眶。

雞毛蒜皮的事，花這麼大的心思和氣力來解決，可見小事非小。的確，小情緒、小矛盾同樣需要管道來疏通來解決，不然，「千里長堤，潰於蟻穴」這八個字怎麼會成為千古警句呢？

青霞的票

2014/12

2008年，已定居香港24年的林青霞專程回到台北，行前，三位女兒都表達了對母親安全的擔憂，會不會再發生319槍擊案啊？林青霞回答女兒：「只要回臺灣能帶動更多人投馬英九的票，我義無反顧！」

林青霞平生與政治絕緣，在「大選」時表現出如此絕決的態度，不瞭解的人多半會以為，她跟好友龍應台一樣是馬英九的至交。而事實上，林馬之間只有三面之緣：第一次是上世紀80年代在圓山飯店聚餐，第二次是2005年在法鼓山參加開光大典，第三次是

2006年在香港機場相遇。前面兩次，他們之間連說一句話都沒有，直到第三次，林青霞主動走過去，對時任台北市長的馬英九說：「馬市長，我支持你！」

只有三面之緣、一句之交，為什麼林青霞依然希望通過自己尚存的明星光環來為馬英九吸票呢？只因為在她的心目中，馬英九形象清廉、態度謙卑。這也是當初許多投給馬英九選票的臺灣民眾的共同理由。他們和林青霞一樣，在政治面前，是清純玉女。

六年過去了，馬英九的民調完全跌進谷底。林青霞失望了嗎？她沒說，我們不得而知。但臺灣「不問是非、只分藍綠」的畸形的政治生態日漸嚴重，想必會讓這位清純玉女望而生畏。目睹聰明絕頂的好友龍應台，「天天頭戴鋼盔身穿鐵甲」，卻還是躲不過政壇的明槍暗箭，遍體鱗傷，她一定心疼不已。

最近一段時間，心痛的何止林青霞一人。那些參與「九合一選舉」的參選人的家人，幾乎天天都要目睹參選人被對手的語言暴力鞭得血淋淋。最典型的莫過於連勝文與柯文哲之間的互鞭。在參選台北市長前，二人在各自領域早都是令人尊敬的佼佼者了，可是一上了參選台，他們都被對方說得一無是處。最不堪的是兩人間那段眾所周知的美好淵源，也因參選葬送了。四年前，連勝文被槍擊時，危在旦夕，正是柯文哲任主任的台大醫學創傷部搶救了他。參選時，連戰夫人連方瑀見兒子被柯文哲的利嘴傷得不輕時，心急之下指稱柯文哲並未參與搶救連勝文，而柯文哲回應自己雖然不是開刀者卻是指揮者，直言「不感謝就算了」。

事情發展到這裡，若林青霞有知，心裡一定也很不是滋味，競選竟然可以讓很美好的事情變得如此醜陋，她當初決意回台投票，不就是因為參選人馬英九給她留下的印象特別美好嗎？她是為「美」而生的人，如何禁得起這番「醜」的折磨。

當然，那年回台投票，林青霞自己也出了個糗事。為表示鄭重其事，她在票上小心翼翼地蓋上寫有「林青霞」三字的圖章，結果與投票需無記名的規定相違背，也就是說，她費盡周折回來投的票，實際上為廢票。與她一樣出糗的，還有特意從德國飛回的龍應台。不過，因為馬英九最後以高票當選，並沒有因為她們兩張廢票而受影響，她也就不再懊惱。

隨著臺灣政治生態的惡化，不少當初懷著和林青霞一樣心情的民眾，越發厭倦參選人之間的比差，計程車司機是拜票的熱門對象，可有的計程車司機就明確表示不去投票，其中一位說道：「我不去投票，還是開我的車好。不想跟他們玩了！」

今天，林青霞若回台投票，想必不會再出廢票這等糗事，但她會不會也跟這位計程車司機想的一樣——「我不想玩了」？

島孤人暖

2015/02

在我的記憶裡，澎湖是雙面女郎。

我於2009年6月第一次到澎湖。夏天的澎湖像位穿著比基尼的靚女，辣勁十足。無論是在燦爛陽光裡騎著摩托車蹈海，還是在幽遠星空下航釣小管，都是那樣的撩人心魄。澎湖有99個島嶼，如上天撒在汪洋大海中的珍珠，閃閃發亮。每個島嶼都各具風姿，有的像桶盤，有的像勺柄，有的像海葵。一天走幾個島嶼是常事，怎樣從這個島到那個島呢？快艇是公車，它帶著我們穿梭于島嶼叢林中，行時，風馳電掣；停時，靜靜守候，耐心等待我們對每個島嶼的探求……

回廈門後，我對澎湖魂牽夢繞，期待有一天能再與她相會。第二年，我美夢成真。辦手續時正值夏天，我對一起辦手續的同事說，一定要趕在夏天裡到澎湖，這是最美的季節。但我同事因為行政層級較高，要多道報批，加上赴台原本手續就繁瑣，等我們一行人到澎湖時，澎湖已進入秋末冬初，完全是另一副面容了。我們看不到燦爛的陽光和漫山遍野的菊花，也出不了海，因為風浪太大，船隻隨時有傾覆的危險。記得當初我們去了個叫風櫃嶼的島，滿耳都灌滿呼呼作響的風。

比起夏天這位火辣撩人的靚妹，秋冬的澎湖儼然是位油盡燈枯的老嫗。可就是在這位老嫗的懷裡逗留三日後，我們告別澎湖時是那麼的戀戀不捨，有一份溫情裹著我們不得不跨出的雙腳。這份溫情，就在，創意巷裡賣海螺的小妹，螃蟹館裡激情講解的大叔，一路上嘘寒問暖的導遊……。

與臺灣本島一樣，金馬澎三個島嶼，最美的風景依然是人。記得我第一次到澎湖時，突發急性胃腸炎，澎湖導遊從同行團員那兒知道我的狀況後，著急地打電話過來要陪我去醫院。時隔五六年了，我依然清晰地記得她的名字叫品竹，此刻憶起她時，我心裡不由自主地又一次湧起陣陣感激。

因為地處偏遠島嶼，金馬澎三地經濟發展不如臺灣本島，所以對每一次的發展機會都非常珍惜，比如，1月1日，大陸居民赴金馬澎旅遊啟動「落地簽」，三地居民歡心鼓舞，這意味著將會有更多的遊客到金馬澎自由行，勢必拉動當地的經濟。這一好消息到來時，正值三位縣長履新，他們連袂接受《台海》雜誌獨家專訪，談起如何迎接「落地簽」到來，信心滿滿。

縣長們的信心不是憑空而來。偏遠島嶼，不瞭解的人會把它與窮鄉僻壤聯結在一起，其實不然。金馬澎，除了有上天賜予的天然資源外，旅遊產業也是相當成熟的。我第二次到澎湖時，所在參訪團訂的是精品團，全程不購物，但途經金門時，所有團員都紛紛要求導遊帶去購物，大包小包地帶回貢糖、麵線、刀具等土特產，好的產品哪需要強制購買啊，所以，「旅遊不購物」等項整治，對他們的影響只是加分。

還有一次，我們到金門參訪後就要返廈，已到水頭碼頭，一位團員突然想買豆腐乳，而且只想買一罐，她弱弱地問導遊能不能帶自己到店裡去，導遊眼見登船的時間快到了，往返肯定來不及了。直接拒絕，想必這位陸客也能理解。但導遊不是這樣，她立刻打電話給店家商量能否把一罐豆腐乳送到碼頭，果真不久，就見店家小妹舉著一罐豆腐乳氣喘吁吁地跑來，趕在我們登船那一刻送到了這位陸客手中。一罐豆腐乳，賣價30元人民幣，但無論導遊還是店家，都以賣十罐百罐的熱情與真誠來對待。賣豆腐乳，是再傳統不過的產業，但以如此真心來經營，任何時候它都會是朝陽產業的。

以上記的僅是我在金馬澎的三兩見聞，更多風景等待你自己去「落地簽」。咦，我怎麼為它們做起廣告來了？實在是忍不住啊！

台海年月

騎緣

2015/09

說起腳踏車，我的內心真是五味雜陳。

在我兒時的記憶裡，家裡擁有一輛腳踏車，比現在擁有一部小車來得神氣。那時的腳踏車以鳳凰、永久最為有名，這兩個牌子的腳踏車結實而美觀，它給主人家帶來的榮耀感，絕不遜於現在的寶馬和奧迪。

我們家的腳踏車是鳳凰牌的，它經常停在客廳的一側，客人來了都要多瞥它幾眼。我們小孩子一看到大人把腳踏車停在了客廳旁，總是搶著踩車玩，左腳踩在左腳踏，右腳穿過三角架，踩到了

另一隻腳踏上，雙手握著車把，一邊踩車，一邊按響車鈴，彷彿是騎士，實際上那腳踏車紋絲不動地停在原位，只有後輪轉個不停，滿足小孩子們當騎士的心理需求。兒時沒有玩具，現在回想起來，那腳踏車就是我們最得意的玩具。

當然，在大人的心目中，腳踏車可不是玩具那麼簡單，它可以說是家裡的奢侈品，是嫁女兒的「三大件」之一。我姐姐的嫁妝就是腳踏車、縫紉機和手表。這輛腳踏車，還是父親帶著我們三姐妹專程跨海到廈門買的，可見買一輛腳踏車有多隆重。買了腳踏車後，我們先搭了船，上岸後，客車不讓腳踏車上，只讓我們父女三人上，腳踏車只好由我16歲的小姐姐自個兒從山路騎回家。小姐姐只大我兩歲，但她8、9歲時就自學了腳踏車，大人不讓她學，覺得太危險了，以前的腳踏車都是型號很大的，可沒現在的輕巧。小姐姐就趁著大姐大哥學騎間隙，自個兒抱著柱子或樹木跳上正停靠著的自行車，腳一蹬，把車騎走了，任由大哥大姐跑在車屁股後急得直跺腳。

小姐姐的靈巧，極大地反襯了我的混沌，我直到高二才迫不得已地學會了騎腳踏車。班級組織春遊時，我都沒法參加，因為同學們都是騎腳踏車的。當他們納悶我為何不去春遊時，我總是找個理由搪塞過去，不好意思說自己不會騎腳踏車。很自卑，只好聽從大姐的建議，硬著頭皮學騎腳踏車，最後，以摔傷左腿為代價才學會了駕馭這只鐵馬。

儘管好不容易學會，但我一點兒也不愛騎腳踏車，就像現在我對買車開車毫無興趣一樣。大學畢業後，我到一所農村高中教書，學校和家裡有段距離，我不得不騎腳踏車上下班。比學騎更鬧心的事情接踵而至，那就是腳踏車頻頻被偷。無論換多麼結實的鎖，一轉眼，車子就不見了。我在中學教了幾年書，丟的腳踏車絕對超過那個年數，其中有一年連丟三輛。那時，我的工資每月120元人民幣，一輛腳踏車的賣價約400元。在農村中學教書的那幾年，我一個子兒也沒剩，因為不多的盈餘都為小偷買腳踏車去了。你說，我憶起腳踏車還能有美好感受嗎？

幸虧，到廈門工作後，我就無需騎腳踏車上下班了，我那麼迷戀這座城市，其中一個緣由，是它有十分發達的公交系統，我再也不用借那只鐵馬出行了。

有很長一段時間，我完全把腳踏車忘記了。直到2007年看了臺灣電影《練習曲》後，我才拾起小時候把腳踏車當作玩具的那份溫暖記憶。

聽障青年明相選擇騎車環島作為送給自己的大學畢業禮物，七天六夜後，他收穫了一路的溫情，鍛煉了自己的意志。途中，他發出這樣的感慨：「有些事現在不做，一輩子都做不了。」這台詞，我喜歡。除此，我還很喜歡片中的另一句台詞：「希望在20出頭的生命裡，做一件到80歲想起來都還會微笑的事。」這句話說到我的心坎裡，因為我始終堅定地認為，生命很短暫，一定要做自己喜歡的事。

看完《練習曲》一年後，大陸居民赴台遊開啟，60多年來，大陸居民首次可以到臺灣旅遊。我有了環島旅行的機會，雖然還是沒有選擇騎腳踏車，但十幾天的環島日夜，走在蘇花公路，吹著太平洋的風，我的內心時常浮起片片暖意……

七年後的今天，赴台遊已不是什麼新鮮事，倒是到對岸騎行成了一種風尚，「騎行兩岸」成了許多人的嚮往。

黏在泥裡

2015/11

台北人張堯城到池上鄉，已有26年。1989年，剛剛從輔仁大學社工系畢業的他，決心選擇到偏鄉去實踐所學所思。當年10月29日，張堯城搭著自強號列車，進入花東縱谷。在池上月臺下車的瞬間，這位都市青年一下子被泥土黏住了。

收發員，是他在池上鄉的第一份工作，接著，他當過圖書管理員、社區工作者、托兒所所長。他當圖書館管理員時，池上鄉圖書館因為藏書大增、管理有序、服務入心而成為全台示範圖書館；他當社工時，對全鄉所有困難家庭進行建檔，這在台東是首例；他當托兒所所長的同時，還遍訪全鄉耆老，花三年時間為池上編撰第一部鄉誌，有60多萬字。而至於推動池上米品質節節升，是他26年來不管在哪個崗位都不曾懈怠的。後來，他被鄉民選為鄉長。

當我帶著採訪團隊行走在台東縣池上鄉的田間地頭時，我從張堯城印在田野阡陌間的串串足跡，似乎感受到了推動臺灣農業發展的一股強勁力量。

臺灣地區地狹人稠，耕地十有限，但其精緻農業的發展水準位居世界前列，僅次於以色列，與日本齊名。寶島臺灣的精緻農業究竟藏有怎樣的奧妙、它對大陸尤其是同緯度的閩南農業發展究竟有何借鑒呢？這是《台海》雜誌一直關注的問題。

在寶島農業迎來又一個豐收時節，《台海》雜誌採訪團隊來到臺灣，走訪了桃園、新竹、苗栗、台中、花蓮、台東和宜蘭等農業發達縣，上高山、走偏鄉、登離島，拜訪許多農業工作者。我們常常五點多就起床，與農民日出而作，而當農民日落而息時，我們還叩開農戶的家門，聆聽他們寶貴的心得。

臺灣當局的長期重視，無疑是其農業永續發展直到走向世界前列的首要原因。60多年來，農業發展的幾次重大轉捩點，都是由公權力推動的。例如，上世紀80年代，臺灣躋身「亞洲四小龍」時，農業的主導地位完全被工商業代替，進入寒冬，1984年，「臺灣省

主席」邱創煥提出「精緻農業」構想，集中資金與技術，使農業迅速回暖，從「量」的發展轉向「質」的提高，此後的發展印證了，這是當局回應島內外市場需求的正確判斷。

而今，在市場化高度發達的臺灣，農民並不是一盤散沙，農業更不是自生自滅，而是從上至下，從公權力到民間力量，織就了嚴密有序的農業發展網路。「農委會」與各縣市鄉的農業處（課）負責政策的出臺與落實；農業科技機構，包括各大學的農業學院、地方的農改場負責技術的研發與推廣；再來，農會與產銷班在臺灣農業中扮演著舉足輕重的角色，農會具有半官方半民間的色彩，組織嚴密、服務周全，絕大多數農會擁有自己的品牌、基地、銷售管道，甚至設有內部銀行，來為會員提供儲蓄和貸款業務。而產銷班是農會指導下成立的農事互助小組，既管生產又管銷售，同時更兼科技普及。臺灣農業以科技改良著稱，農民們大多數就是從產銷班的培訓課上與時俱進地學到各種技術的，所以，臺灣農民被稱為科技農民，是名副其實的。

採訪中，像張堯城那樣數十年紮根鄉村黏在泥裡的農業工作者很多。「農業工作者」，這個稱呼是我取的，但靈感來自我們採訪過的那些為農業親歷親為的人們，他們有農業專家，有基層公僕，有產銷班理事長，當然更多的是種茶、種稻、種果、種菜、種花的農民。他們中，有的經常出境講農學，蜚聲海內外，但不離不棄的還是腳下的土地；有的幾代人都在務農，父親農業專科院校畢業後就上山種茶，孩子長大後同樣選擇學農讀書路，立志學成後回來接父親的棒。

在池上，我們採訪了好幾位種稻達人，試圖解開他們能種出特等米的奧秘，結果，答案出奇相似——要像孝順父母一樣孝敬土地，要像照顧孩子一樣照料稻子。你也許不相信這麼富有哲理的話是出自農民的口中，如果沒有經歷這一系列採訪，我也不相信，但現在，我卻不止一次地聽到臺灣農民站在田埂上這麼說。

既然梨山茶供不應求，為什麼不把茶園擴張？因為可造林絕對不能改為耕地，只為水土保持；成片成片的池上稻田，為什麼看不到一根電線杆一個路燈，因為怕燈光影響了稻子睡覺。

這就是臺灣農人對農業的態度。

日出

2016/01

小時候，雖然家住臺灣海峽的邊上，但我們卻沒法去海邊看日出，怕被水鬼割了耳朵去。兩岸對峙時期，「對岸的水鬼游過來了」，這樣的恫嚇，常是大人們揪住四處亂跑的小孩子的利器。以至於兩岸緩和後的很長時間裡，嚇大的我們還是不敢去海邊看日出，要看日出得在天色未明時就到海邊守候，這黎明前的黑夜，會不會有水鬼從黑海裡突然冒出來，誰知道呢？

我這個海的女兒，人生第一次觀海上日出竟然已到十五、六歲。也許看多了文學作品對海上日出的描寫，當真正看到太陽躍出海面時並沒有多少激動，至今能回憶起來的卻是發生在沙灘上的一件小事。當一人站在沙灘上等日出時，我聽到的只有海的呼吸。而在太陽噴薄而出那一瞬間，一聲喀嚓傳來，難道是水鬼？我驀然回首，只見一位外地攝影師正對著日出拍照。我們村子小，大家都熟識，本村或外地人一看便知。那時，拍照稀罕，我便請這位攝影師也幫我與日出合一張影，並給了他10元人民幣，囑他照片洗出時寄來給我。在等待照片的日子裡，村人笑我太天真，怎麼會去相信一個陌生的外地人呢？說不定還是水鬼假扮的呢，要知道，10元人民幣在那時是大數目。但我想，拍日出起早貪黑的，很辛苦，如果不是為了追求美，他又何苦呢？一個追求美的人又怎會騙人錢呢？果然，不久，我收到了他寄來的照片，只是畫面中不是我與日出的合影，而是只有日出。他附了一封短信說，拍我的那張照片沒拍好，洗不出來，所以他很抱歉，就寄了這張「日出」來彌補。我沒怪他，把這張「日出」收進了我的影集裡作紀念，也不管他是不是水鬼。

後來，因為工作關係，我得以和兩岸知名攝影家到不少地方拍日出，如臺灣的阿里山、鵝鑾鼻、澎湖列島、小金門，福建的臺山列島、大崳山島、小嶝島等。這些點，都是觀日出的好地方，無奈我文筆笨拙，描繪不了日出時的大千氣象，每每記住的只是與觀日出關聯的一些人和事。比如，提起到臺山列島觀日出，我就想起了臺灣著名攝影家、荷賽得主林國彰，他為拍晨曦裡的三隻羊而掉進了海崖深溝裡，自己好不容易爬上來後，不顧傷痛，繼續追羊，直到拍出自己滿意的作品。

2015年秋收時節，我到臺灣台東縣池上鄉採訪，因為要與農民日出而作，我們天未亮就趕到山腳下的萬畝稻田裡，意外看到了完全不同於海上日出的山鄉日出。海上日出，往往是日出前四周還一片漆黑，太陽從海面躍出那個瞬間，天一下子亮了，震撼人的就是這股衝出黎明前的黑暗的氣勢。而山鄉日出呢？在太陽從山巒探出頭的前一陣子，天已明，因為太陽已經出來了，只是它被山擋住了，便把霞光提前送幾道過來。於是，山巒間，薄霧飄渺；稻田上，燕子低飛。而當太陽終於躍過擋住它的山頭時，萬畝稻田瞬間換裝，由青綠變為金黃，叫人真正見識了「金色的陽光」的魔力。

而今，我時常憶起的也不是日出景象，而是與農民並肩勞作、促膝長談的情景，「要像照顧孩子一樣照顧稻子，要像孝敬父母一樣敬重土地。」他們在田間地頭說的這些樸素而富有哲理的話，叫我無數遍地咀嚼回味。而每回與臺灣攝影家一起到昔日戰地前線拍日出時，我們心中的感慨就更多了。

寫日出的詩句無數，我最喜歡的是白居易的《憶江南》，

「……日出江花紅勝火，春來江水綠如藍。能不憶江南？」好就好在一個「憶」字，叫人回味無窮。

同樣，在剛送走的2015年，兩岸交流中有太多值得「憶」字的大事小事，我們以10個熱詞解碼之；而對於剛迎來的2016年，我們請來了10位兩岸名家一起展望，觀台海日出日落。

綠島

2016/03

在未踏足臺灣前，我的意識裡，「綠島」是寶島的三個地理商標之一，另外兩個是日月潭和阿里山。

日月潭、阿里山，我是從小學課本中讀到的。而綠島得以如地理商標那麼深刻地烙在我的腦海裡，讓我時時嚮往，並不是因為「綠島小夜曲」這支歌，而是因為柏楊和陳映真，他們二位都曾被作為政治犯關押在綠島許多年。

在我年少最密集地接觸臺灣文學時，「綠島」二字就隨著柏楊和陳映真的文字，時而高亢，時而低回，跳躍著進入我的腦海裡。

而「綠島小夜曲」是我多次往返兩岸的某一次在臺灣的酒吧裡聽到的，那已是多年以後的事了。而且這支歌最初也不是寫給綠島的。

當《台海》雜誌採訪小組乘船越過恣肆汪洋終於登島時，我們似乎一下子明白了為什麼台當局會把此島作為關押政治犯之所。綠島雖然與陸地只相距33公里，但黑潮兇險，天候詭譎，為監獄形成一道叫犯人逾越不了的天然鴻溝。我們搭船那天，在碼頭時還見晴天，船行不遠就遇驟雨，狂風巨浪掀打著船身，隨時要把船吞沒似的，連我這個從小坐船長大的海的女兒都感受到了五臟六腑移位似的痛苦。此前的很多年，我總是把綠島想像成大仲馬筆下的基督山島，海上遭遇更加深了這一想像。難怪綠島也被稱為魔鬼島。

綠島監獄最多時有四座，在內的犯人和工作人員加起來3000多人，比當地居民還多。其中，屬「綠洲山莊」最為有名，因為那是關押柏楊、陳映真、施明德等名人的監獄，也是我們採訪監獄專題時待的時間最長的。儘管「綠洲山莊」已不再關押犯人，但高牆鐵網猶在，處處可感肅殺之氣。陳映真寫的《山路》就取材於這裡，而柏楊更在這裡完成了《中國人史綱》等多部巨著。台當局意圖以魔鬼島徹底摧毀他們的精神，沒想到卻以煉獄助他們實現了鳳凰涅槃。因為關的大都是作家、律師等高級知識分子，當年，「綠洲山莊」及另一處也是關政治犯的「新生訓導處」在當地居民的眼裡是綠島最高學府，許多政治犯與當地居民結下了深厚感情，並成為當地孩子的偶像。儘管如此，在這裡的採訪仍然讓我極度壓抑，柏楊那聲斷人腸的喟歎似乎還在高牆裡盤旋不去：「在那個時代，有多少母親，為他們囚禁在這個島上的孩子，長夜哭泣。」

孩子！是島上的孩子們讓我擺脫了抑鬱，重新回到綠島的現實生活中。我坐在公館小學的六年級教室裡聽豐鏡洲老師上歷史課，與我一起上課的還有10名學生，這是該班全部的學生數，公館小學有14個班級，每班10個孩子左右。與其說是上課，不如說是做遊戲，大家都可隨時發言，隨時比劃動作、扮演自己喜歡的角色。那一堂講的是抗日戰爭，豐老師就和孩子們玩起打仗，直到把日本鬼子趕出去。

面朝大海的公館小學，堪稱「最美的海洋小學」，正如從台北來此任教12年的豐老師所言，在綠島，孩子們很幸福，天天都上自然課，前面是海洋生態教室，後面是森林生態教室。我們眼裡的驚濤駭浪，卻是綠島孩子們的親水天堂。他們不需要游泳池，學習游泳的第一步是直接下海；他們每年都舉辦海上運動會，游泳接力、獨木舟拔河……所有的運動項目都在海上進行；甚至，他們在海裡舉辦畢業典禮，畢業生戴著面罩、背著氧氣鋼瓶，潛入5公尺深的海底，走過紅地毯，來到一樣潛在海底的老師跟前，接過畢業證

台海年月

書。

歷史老師豐鏡洲同時也是體育老師，帶著孩子們在綠島親水，讓他覺得很幸福。和他一樣遠離都市，從高雄來支教綠島15年的張淑卿老師，說起綠島的孩子們，臉上總現慈母般的光華。他們早已把綠島當作自己的家，並深感教會孩子們如何熱愛保護這片海，是自己的職責所在。兩位老師熱情地邀請我們今年六月再到綠島，屆時，他們將率領孩子們劃著獨木舟，在深海上，繞綠島一周。

而今，說起綠島，我的眼前總是浮現這樣的情景：膚色黝黑發光的孩子們，劃著一艘艘獨木舟，次第向藍色海洋，勇敢、快樂地前進……

這也一定是柏楊、陳映真他們所樂見的。

第六章

靜水・深流

當張詠捷端著相機走進鄭愛兵的家時，

清晨打漁回來的鄭愛兵正在補覺，

他一骨碌爬了起來，

弓著身子坐在了床沿，

他在回頭看著這位不速之客的瞬間，

也被定格在了鏡頭裡。

傳承

2012/02

馬英九趕在新春假期同時完成了「內閣」和國民黨人事改組。由「行政副院長」陳沖「組閣」，「內政部長」江宜樺升任「副院長」，並由「行政院秘書長」林中森接掌國民黨秘書長。

此種人事安排與馬英九的第一個任期迥然不同，「陳江配」的組合被外界認為帶有濃濃的「蔣經國風」，當年的蔣經國不分省外還是本島，延攬了大批專業人才進入「政府」，馬英九即是受益者之一；而今，馬英九更以專業財經技術官僚搭配形象良好的台籍學術精英，展現拚經濟和正派執政的「馬式風格」。

馬英九身上的「蔣經國風」由來已久。雖然馬英九尚缺蔣經國力挽狂瀾、能謀善斷的強人形象，但蔣經國為民眾所稱頌的「廉潔、勤政、親民」這三大特點，在馬英九身上並不少見。

這樣的傳承可追溯到馬英九擔任蔣經國六年英文秘書期間。馬英九自1982年起擔任蔣經國英文秘書，直至1988年蔣經國病逝。六年，雖然不長，但崗位的特殊性使馬英九能近距離地接觸蔣經國，親身感受到蔣經國平易近人的點點滴滴，比如，馬英九第一次為蔣經國擔任翻譯時，因為身材太胖在擠進座位時差點當著外賓的面把茶杯打翻，蔣經國不僅沒怪他，還吩咐旁人下次布置座位時記得為馬英九留出更大空間（類似這種體恤下屬的行為在蔣經國的從政生涯中舉不勝舉）。此外，馬英九還親身見證了蔣經國在重大歷史時刻的開明與魄力，比如，蔣經國拖著病體與時間賽跑，趕在死神光臨前宣布解除戒嚴和開放民眾赴大陸探親。這兩項重大決策深刻影響了臺灣的民主政治和兩岸關係。當年，馬英九是這兩個關鍵議題的起草者之一，如今，他成了這兩個議題的受益者。如果沒有蔣經國這一破冰之舉，馬英九等人實現政治抱負的途徑和舞臺肯定要曲折得多，逼仄得多，甚至不可能。

在馬英九第二次當選臺灣地區領導人的前一天，正值蔣經國逝世24周年紀念日。在蔣經國的每一年祭日裡，馬英九都會前往謁

陵，每次謁陵都深情落淚無法自已。當然，在臺灣，對蔣經國無限追思的，遠不止馬英九一人。筆者曾到過蔣經國生前十大民間友人的家裡拜訪，他們居住臺灣鄉村原野，有的在島內，也有的在澎湖等離島，有的賣茶葉蛋，有的開飯館。他們及當地民眾回憶蔣經國時無不飽含深切的景仰之情。難怪海內外多家媒體曾做過關於歷任臺灣領導人的民意調查，已逝世一、二十年的蔣經國每每都獨佔鰲頭。

為何蔣經國在民眾中享有如此高的威望呢？至少有三點，一是他在質疑聲中領導了十大建設，創造了聞名世界的經濟奇蹟，到 1987 年，臺灣人均持有外匯儲備量已居世界第一；二是他在黨內大佬的巨大壓力下開啟了臺灣民主政治改革，成為今日臺灣民主政治的催生者與奠基人；三是他在大力整肅國民黨貪腐之風時樹立了廉潔從政的標竿，他沒有房產，他的子女一概不准從商，他家的剩飯剩菜都不能倒掉，他看電影時和民眾一起排隊買票進場，他每個星期都下基層一次以上，等等，這些至今還令臺灣民眾津津樂道。

難能可貴的是，蔣經國在隨時可能撒手人寰之際，還保持著對局勢十分清醒的判斷，他交代國民黨需達成這三項目標，第一，國民黨需要徹底改造才能在完全公開的政治制度裡競爭；第二，推動「全面政治民主」；第三，「兩岸統一」，這是他最明確、最強烈的一點，他說：「臺灣和大陸終究必須統一。兩岸若不統一，臺灣恐怕將愈來愈難獨立存在。」

當年那位在蔣經國眼裡沒有缺點的年輕人，也許正朝著這些目標努力，因為他們二人執政還有一個共同點，那就是最看重歷史的評價。

野火

2012/09

野火，燒不過「只分藍綠、不問黑白」的政治狂熱嗎？

臺灣首任「文化部長」龍應台日前提出的公眾正面評價高、十分亮眼的臺灣公視董事候選名單，卻在由政黨推薦組成的審查委員會投票後，12人只通過3人，使公視董事會尚缺9席而繼續無法正常運作。

讓公視擺脫政治綁架，是龍應台新官上任三把火中的其中一把，但上述結果，不啻宣判了公視邁向正軌的努力再次挫敗。龍應台第一時間難以接受，沉痛地說「這是一記沉重的打擊」。

澆滅龍應台這把火的濁流，正是臺灣的政治勢力。臺灣公視是由「政府」全額撥款、節目不為廣告所左右的電視臺，長期以來，藍綠雙方為爭奪對公視的輿論控制權而多次惡鬥，因為「朝野」「立委」不肯放手人事同意權，《公共電視管理相關規定》於2009年將同意權門檻標高為四分之三通過，超過任何「立法院」行使同意權的門檻。沒想到這個原本為了減少政治干預而設計的制度卻反而給了政治勢力以可乘之機，只要有私心的一方借少數動員就可進行否決。普遍認為，龍應台的亮眼名單沒能如公眾期望的那樣通過，是綠營杯葛的結果。

龍應台那本一月內再版24次的《野火集》，問世時正值臺灣社會解除黨禁之呼聲一浪高過一浪的1985年；27年後的今天，臺灣社會如龍應台等許多人極力推動的那樣走上「民主化」道路，政黨多達100多個，但是，它又陷入了另一種畸型政治生態，藍綠兩黨惡鬥不止，誠如台北市長郝龍斌所言「任何事情，藍的贊成，綠的就反對，綠的贊成，藍的就反對，這樣無止境的內耗，臺灣前途堪憂」。

在《野火集》序言裡，龍應台說：「寫了《野火集》的代價大概是：這一輩子不會有人請我『學而優則仕』出來做官了。」而事實是，不僅有人請她做官，而且給的官愈來愈大。這無論如何是臺灣社會進步的體現，但畸型的政治生態同樣挑戰著龍應台手中的火

把。雖然她早已做好思想準備，坦言做事比批評難，但是，在公視董事會審查時遇到的挫敗之重，是她始料不及的，她痛苦地表示短期內不會再提出名單，截至本刊付梓前一刻，我們依然沒有看到她的新舉措。

但我們仍然期待，龍應台能直面臺灣政治現實，提出嶄新的解套方式。這雖然有些苛求，但也合乎實際，對公眾而言，龍應台的第一身分，已經不是揮動如椽大筆放言批判的作家學者，而是得舉起公權大柄智斬亂麻的「文化部長」。既然做了官，就當有進了廚房不怕熱的認知。

回首1999年，馬英九飛去歐洲、夜訪龍應台第一次請她做官時，兩人之間曾有一段對話：

龍應台問：「你把她找來，是因為她有獨立的精神。如果她一進入官僚體系就失去這份精神，也就抵消了你找她來的意義，你同意嗎？」

馬英九答：「如果她失去了獨立的精神，那麼她輸了，我也輸了。」

龍應台第二次為官，同樣也是應馬英九的召喚。在臺灣公視董事會被凍僵時，她手中的火把會吐出怎樣的火舌？在臺灣的政治生態令民眾寒心時，她手中的火把能夠獨立燃燒多久？

優雅

2012/12

曾在國際攝影賽事荷賽中獲過首獎的臺灣新聞攝影家林國彰，幾天前應邀到廈門鼓浪嶼人家做客，主人是首次謀面的篆刻家何達江。當友人向林國彰介紹主人的姓名時，林國彰的反應是：「哦，您叫喝茶仙？」

林國彰為什麼會把主人的姓名說錯了呢？因為他耳朵有重聽，經常誤會資訊，像這類把「何達江」聽成「喝茶仙」的經歷，林國彰三不五時就會有。我們和林國彰說話，經常要靠近他的耳朵，而且只能有一個人講話，若兩人講，他聽起來就含混不清了。有時還得把要跟他說的話寫在紙上。儘管交流困難，我們還是很愛跟他說話，因為他渾身都是奇，以至於我都覺得重聽對一個人來說有時不一定是壞事。

林國彰五歲時就因藥物影響而聽力受到重挫，儘管後來他也上學，但課堂上老師講什麼，他都聽不清楚，讀到大學畢業，全靠自學；攝影也是自己看書學的；最近一個月，他在閩南行攝，尋找唐山過臺灣的路徑，閩南對他來說，人生地不熟，但即便最旮旯的角落他都敢隻身深入，就是靠著大量的閱讀把生變熟、把難變易。所以，聽力不行反而成全了他驚人的自學能力。

林國彰退休前是中國時報的攝影記者。一個聽力不行的人又如何從事以資訊快速收集為主要特點的新聞報導呢？出發前多瞭解情況，到了現場跟文字記者多溝通；有過錯嗎？有，很少。林國彰就這樣三言兩語概括了他幾十年新聞報導工作的酸甜苦辣。聽力很弱，但耐力卻被挫得很勇。

聽力不行，還成全了林國彰不受外界干擾、一門心思地做好一件事。很多人知道臺灣女記者張平宜十幾年助學四川麻瘋村的故事，卻不知道她的善舉被傳播出去，是因為有個人端著相機跟她到麻瘋村默默地記錄著。這個人就是林國彰！他沒有就自己的義舉接受過採訪，也有記者覺得採訪他麻煩。林國彰樂得享受不被打擾的

生活，在無聲的世界裡繼續他對世界的觀察。11月18日這一天，張平宜因獲得亞洲英雄獎而再次受輿論熱捧時，林國彰正在龍海市海澄鎮月港尋找唐山過臺灣的出海口。

聽力不行又老愛在外面拍，家人自然牽掛。打電話，聽不清，他就每天發短信報平安。在閩南一個月，林國彰每天給妻子發一條短信，在短信裡一五一十地彙報當天走了哪些地方拍了哪些情景有了哪些感受。事無巨細又溫情縷縷。他讓我們看了其中一天的短信，大家才知道林國彰不僅照片拍得好，文字表達也很好，我想這可能跟他長期少說話多寫字有關。我們紛紛建議他要把每天的短信都保存著，那一則則短信，在我看來，不僅是情真意切的與妻書，更可作為閩南行的拍攝札記。

林國彰回臺灣時，我們正在連夜做本期雜誌。寒夜裡，他的短信來了：小雨中飛離廈門，安抵台北。廈門獨行一個月……有所得也有所失，得的是印證了唐山過臺灣的路徑，失的曾是繁華港岸，徒留廢墟……南普陀寺的石刻文說得好：菩薩清涼月，常遊畢竟空。閩南遊觀何必苦尋呢！當下看看即好。」讀著短信，我眼前又浮現他那淡淡的但總給人溫暖的微笑。

回想林國彰在廈門的一個月。每次我們約他吃飯，他總躊躇，擔心吃太久浪費了他整理照片的時間，唯獨到鼓浪嶼喝茶他最樂意。何達江也每每把他當知音，一次會面總要泡七八種茶請他品。茶香裡，何達江不需要費勁地說話，林國彰也不需要費勁地聽話，兩人，就這樣，默默地交流著……

鼓浪嶼新任島主曹放不是立志要還鼓浪嶼優雅嗎？多些何達江這樣的主人，多些林國彰這樣的客人，這一天，就不遠。

追夢

2013/06

專訪林毅夫時，我送給他一塊從臺灣宜蘭帶回的手工香皂。看得出他很高興，連說「你太用心了！」

我不是一個心細的人，是林毅夫百轉千回的鄉愁提醒了我，該給這位思鄉人帶上故鄉的東西。

宜蘭，故鄉。

故鄉，宜蘭。

無數個午夜夢回，林毅夫咀嚼著這兩個詞、四個字，悲從中來，嚎啕大哭。他大哥林旺松在爭取臺灣當局允許林毅夫回台時說，「即便他當初的決定有錯，這30多年的煎熬，對他已經是最大的懲罰了！」

當然，林毅夫並不認為自己做錯了，他說「那是深思熟慮的結果」，而過後人生歷程所發生的大家耳熟能詳的一切，更證明了他的選擇沒錯。

但是，人們還是不能理解，1979年包括經濟發展等方面都遠落後於臺灣的大陸，何以能吸引這位金門馬山連連長冒著生命危險，從金門游到廈門？

游回大陸的第二年，1980年，林毅夫寫給在東京的表兄李建興的一封信基本上可以為上述問題提供答案。他在信裡寫道：「做為一個臺灣人，我深愛這塊生我、養我的地方，我願為它的繁榮、幸福奉獻一生的精力；但是，做為一個中國人，我覺得臺灣除了是臺灣人的臺灣之外，臺灣還應該能對中國的歷史發揮更大的貢獻……如何在不損害臺灣人民利益的前提下，促使中國早日再度統一，是我輩有志青年無以旁貸的責任。」

也有人不相信，認為，他都游到大陸了也就只能這麼說。但我是相信的！

我們先來回顧一下游到大陸前的林毅夫，也就是林正義，是個什麼樣的青年。1971年，家境貧寒的林正義從宜蘭鄉下考進臺灣最高學府臺灣大學，在校期間已是學生榜樣，學長馬英九回憶他「蠻有理想情操的，是個很傳奇的人物」；馬英九說的傳奇還包括，林毅夫台大未畢業就轉入鳳山陸軍學校，投筆從戎，成為學界美談；1975年，林毅夫從軍校畢業後又以軍職身分進入政治大學企管所深造；1978年回到軍隊，被派到馬山連當連長，直到1979年寫下了最傳奇的一筆，在月黑風高的夜晚，從金門游到了廈門……

我之所以花這麼多筆墨來梳理林毅夫的早期人生經歷，是想告訴大家，在臺灣，他是個很有前途的人，是兩蔣時代最被期待出現的青年。同時，他還擁有幸福美滿的家庭，父母安康、兄弟和睦、妻子賢慧、兒子伶俐。

是什麼力量讓他肝腸寸斷又義無反顧地割捨下這一切呢？要知道，他「叛逃」時妻子還懷有三個月的身孕，這點讓我甚至覺得他特別狠心，那麼，他為什麼能這麼狠呢？

只有一種可能，他追夢去了！一個人最不能抗拒的，就是夢想的引力。何況他追的不是一般人的夢，而是大夢！是中華民族復興的夢！正如他在信裡所說的「促使中國早日再度統一」。

「這30幾年，你又為當年的『統一夢』盡了多少心力？成效如何？」我問林毅夫。

「作為一個知識分子，我讀書研究，我盡了自己的力量。」林毅夫平靜地答道。無需多言，這30幾年，他所做的一切已為他這個看似簡短的答案寫下豐富的注解。無論外界如何紛擾，誘惑多大，林毅夫埋頭只做一件事，研究經濟學。

和許多大夢想家一樣，林毅夫是個靜水深流的人。

不老的心

2014/04

香港亞洲週刊副總編輯江迅在去年一次媒體聯合採訪星雲大師時，問道：「半年前，我的心臟停跳兩分鐘，昏迷36個小時，您說，今後我的人生，要多注意休息，還是要工作？」

「你還是要多做事，不做事會早衰微，流水不腐嘛！」星雲大師指點道。

這些日子，在與台賽赴台展策展人蕭嘉慶先生的合作中，我不由自主地想起上述對白。

比起許多臺灣攝影師，蕭嘉慶先生與台賽的結緣算晚的，直到最近的第三屆台賽評選，首次出任評委的他才第一次與台賽牽手。離開廈門回到臺灣沒幾天，蕭先生即發來了一份厚厚的企劃書，力陳台賽赴台辦展的重要性與迫切性。我們被他說動了。另外，他是普立茲獎攝影作品赴台展覽的策展顧問，該展在去年轟動臺灣，這一點也增強了我們對他的信心。

無奈臺灣辦展費用太高，單單展地租金就比大陸多好幾倍，我們無法接受他的報價，而他也降不了價。此事就擱下了。

幾個月後，蕭嘉慶先生突然來了一封信，郵件名就叫「好消息」。我趕快打開好消息一看，原來，他在另一位台賽評委黃子明和台賽攝影師鐘永和的幫助下，爭取到了華山展場的最低優惠。華山是臺灣人氣最旺的展場，以低租金進入展覽，我們當然巴不得。

但好事多磨。因我們辦展的同時要舉辦第三屆台賽獲獎作品頒獎，而獲獎者來自各地，不少獲獎者所在的城市還是未開放赴台遊的，這就使赴台手續的辦理十分繁瑣並費時，展覽只好推遲，以致錯失了華山展場最低租金的特殊時段。

為此，蕭先生專程來了一趟廈門，希望我們能提高預算。我不無遺憾地告訴他，一分錢也漲不了。那晚，我請他吃南普陀素菜，他是素食主義者，那幾道菜本來是美味，但看得出他毫無胃口。接下來的幾天裡，他蹲守廈門，跨海指揮助理跑台北的各種展場，無論如何要在原有的預算框架內把展覽辦起來。

功夫不負有心人。華山展場最終答應了把最早的優惠價移到了五月初的一個空檔。大家皆大歡喜。簽約後，我請他到另一家素食館餐敘，他胃口大開，連說好吃，其實，這家素菜遠遠比不上南普陀素菜館的，但食者歡心，再普通的菜也沾光。

讀者可能要不耐煩了：你寫這麼多，到底跟星雲大師說的話有什麼關係呢？

趁著蕭先生食指大動心花怒放時，我問起他的年齡。他答「讓我保留這點神秘吧」。蕭先生的職業生涯是在中國時報度過的，其中好多年任該報圖片編輯室主任，退休已有七、八年了，所以簡單推算，便不難得出結論，這些日子來一直為台賽赴台展想方設法的其實是位年近七旬的長者！

可我不覺得他老！不只是與蕭先生，和許多臺灣忘年交朋友相處，我都有這樣的感受。臺灣許多退休下來的人，大都退而不休，往往根據自己所長再次創業，有的甚至是終身不退休的，像王永慶這樣工作到生命最後時刻的，並不是極少數。正如星雲大師所言「流水不腐」，在無數次與這些長者的交談、合作中，我處處能感受到他們的青春活力，他們面對問題的態度和解決問題的方法，絲毫不顯老態。我甚至認為，正是奮鬥不息，王永慶才可能活到91

歲。

反觀我們自己，女性過了50歲男性過了55歲，不少人就坐等退休；退休後，只要有穩定的退休金，基本上不會再去「瞎折騰」。「因為老了」，我們常自貼老字標籤。工作大半輩子，退休後以打太極和跳腰鼓安享晚年，也無可厚非，但如果未退先休，未老先衰，對自己和整個社會無疑是種巨大浪費。

轉型，已成了當今社會的時髦詞，但思想觀念不轉，老字標籤不揭，行動照舊老慢。所以，先從我們每個人開始，輕盈起來，這個社會才能跳動不老的心。已進入老年社會且只有彈丸之地的臺灣，其競爭力仍位居世界第八，這點可以給我們信心。

咏捷

2014/09

當踏上臺山列島時，張詠捷並不曉得腳下的島礁曾發生國共之間最慘烈的海戰——臺山之戰。這位臺灣當下最有實力的女攝影家甚至對福建與臺灣的淵源知之甚少，儘管她的祖輩正是從福建移民到澎湖的。

在西臺山，張詠捷結識了一對漁民夫婦，漁夫叫鄭愛兵，是土生土長的臺山人，他的妻子是浙江人，經人介紹嫁到了臺山來。當張詠捷端著相機走進鄭愛兵的家時，清晨打漁回來的鄭愛兵正在補覺，他一骨碌爬了起來，弓著身子坐在了床沿，他在回頭看著這位不速之客的瞬間，也被定格在了鏡頭裡。接下來，這對漁民夫婦的心扉如同他們的家門一樣，對張詠捷完全打開。儘管相機正對著，他們還是做著這個上午本該做的每件事，包括穿衣、做飯和摳指甲。兩個小時後，鄭愛兵又得出海了。對著遠去的漁船按下最後一個快門時，張詠捷心滿意足，她實現了對這對漁民的紀實，關鍵是，他們並沒有感到生活被打擾了。

在臺山列島和大嵛山島，張詠捷以這樣的形式完成多個人物紀實，他們中，有抱著孫子在家門口踱步的漁夫，有翹首等待丈夫返航的漁女，有在岸邊追逐嬉戲的小孩，有在大榕樹下納涼的老人，還有正在織網、衣領潔白的工人……他們不僅不躲閃她的鏡頭，而且還邀請她一起出海捕魚，一起共進晚餐，一起抽旱煙。也許是因為，她和他們有著同樣是古銅色的皮膚，她和他們說的都是閩南話，她和他們一樣不矯揉造作。

張詠捷出生成長於澎湖，22歲開始自學攝影，26歲到台北擔任雜誌攝影編輯，28歲即獲臺灣「行政院」頒發的攝影金鼎獎，此後四年，她又奪得了兩次攝影金鼎獎，這時，她才不過32歲。隔年，即1996年，她卻做出了一個出人意表的決定，離開掌聲四起的台北舞臺，回到了寂寞的離島澎湖。很多人不解，但她心裡最清楚，攝影的最大意義，不只是影像呈現的美麗，還應該留下被攝影者與這

個世界的連結，是影像背後的故事。而她的故鄉那些原始的美麗正在消失，比如祖先辛苦建立的咾咕石，正被一道道現代化的水泥牆取代。她要用鏡頭挽留就要消失的美麗。當然，她並不被周遭所理解，連父母兄弟姐妹都責怪她放棄了台北高薪工作，回到澎湖來做著毫無報酬的紀錄。

「那麼，你以什麼為生活來源呢？」在臺山列島和大嶼山島，我們同住一屋，常常談心至深夜，我便很冒昧地問了這樣的問題。她儘管蝸居離島，但作品早就名聲在外，常會有人請她到臺灣本島、日本、歐洲等地拍攝，這類專案所給的報酬成了她的主要經濟來源。每回人家請她開價，她便答：「隨喜！」她是佛弟子，錢給多給少不計較，在乎的是能否愉快地拍攝。

早年就認識她的臺灣知名攝影家林國彰，回憶了第一次見到張詠捷的情景，「驚若天人」。而今，澎湖熾熱的陽光和冷冽的海風早已讓這位昔日的白淨靚女換裝為古銅色的。但是，她擁有了另一種美，堅毅、無私。這種美，在她忘我攝影時，不時散發出來。我和她一起采風，常為之陶醉。

一個清晨，我們一起去拍日出。她仰臥礁石，正對著日出按動快門，這時，聽到了一對父女的對話，父親要女兒觀察日出變化，女兒卻吵著要回旅社睡覺。張詠捷忍不住起身和這對有趣的父女攀談，當父親的是位專門研究硫球史的教授，他向張詠捷細說了小硫球與福建的淵源，張詠捷連說「受教」。類似這樣的偶遇和收穫，張詠捷在此行中常常遇到，她說，漁村裡的飯菜，常讓她想起家鄉澎湖，「有種媽媽的味道」。

同樣是島嶼，但張詠捷在福建看到的是完全不同於澎湖的山水，澎湖的島嶼以平地為主，最高海拔不過幾十米，而福建的島嶼聳立的卻是一座座山。就在這相異的地理環境中，卻有著同樣的鄉音，同樣的習俗，同樣的飯菜……澎湖的根就在福建！她得出了這樣的結論。在分別的前一晚，我們促膝長談，她說：「真想把這些感受寫下來，但『獨派』讀了，肯定把我罵慘。」寫下來吧，詠捷！你一路走來，最不缺的，不是勇氣嗎？

懂明珠

2015/01

每逢年終歲首，《台海》雜誌總會盤點跨年兩岸關係融合的10個出色表現，取名「兩岸10同話」。本期策劃時，我特別交代執行編輯要把大陸企業家對臺灣的影響力列進去。這在我們歷年的盤點中是第一次。

以往，在不少臺灣人的眼中，大陸的多數企業負責人，充其量只是個商人、生意人、老闆，談不上企業家，即使像陳光標這樣的企業家，也是臺灣人不待見的，他的行善方式被認為是對受助者的不體恤和不尊重。但在過去的一年裡，大陸企業家令臺灣人刮目相看，他們除了馬雲外，還有董明珠，儘管他們沒像陳光標那樣高調行善，但贏得的掌聲要比後者多得多。

有臺灣人說起強勢的董明珠，卻是這樣的開場白：「她是個牽囝人……」當兒子剛兩歲時，丈夫病逝，孤兒寡母，董明珠把稚子留給母親，隻身從安徽南下珠海闖蕩。每次相聚後分別，兒子當著她的面不哭，卻對著她的背影默默流淚。一次，忘了東西的董明珠折回家時終於看到了這一幕……這成了她心頭永遠的痛。當臺灣人對我說起「母親董明珠」時，我也跟著揪心地痛，因為我也是個母親，能夠體會到董明珠當時忍受的是怎樣的痛。

但臺灣人對董明珠致以敬意，並不只是因為她是個堅韌的牽囝人，更主要的還是因為她作為企業家所展現出的創新意識和社會責任感。

人們普遍認為空調是傳統產業，沒什麼技術突破。大家很習慣空調就是耗電，就是有風，就是有噪音，就是會停機。但是，董明珠就不信，她堅持格力要圍繞這些百年難題，尋找突破口，不懂技術的她卻對技術創新研發經費的審批沒有上限，每年高達40多億人民幣。因為擁有強大的創新能力，格力解決了丙烷容易爆炸的百年難題，做出了全世界第一台完全不用氟的空調；格力還做出了全世界第一台不耗電還能賣電的太陽能空調。董明珠因此獲得聯合國頒發的「城市可持續發展宣傳大使」的殊榮。

從這一獎項的名字看，顯然，聯合國把這一殊榮頒給董明珠，所要嘉獎的，除了她的創新意識，還有她的社會責任感。

董明珠曾說過：「『中國製造』的產品受人懷疑，這是一個國家的悲哀。」所以，她矢志將格力打造成世界領先民族品牌、百年企業。而在臺灣人看來，有很多大陸企業短時間內暴起暴落，像走馬燈似的，「中國製造」普遍來說是不受人尊敬的，而董明珠改變了他們的成見。董明珠受臺灣人讚賞的地方，還包括，她以納稅為光榮，格力是大陸家電行業納稅第一大戶；也包括，她不從事房地產投資，董明珠說：「這行業利潤太高，會使我們可能丟失企業過去所沉澱下來的那種務實。」

從臺灣人對董明珠的「懂」，我們不難反觀臺灣企業家的特點。

先說創新意識。馬雲曾在臺灣炮轟：「臺灣沒希望了，七、八十歲的人還在談創新，不相信年輕人更會創新。」的確，給年輕人更多創新機會，社會更有希望。但七、八十歲的人還在談創新，社會就更沒希望嗎？在我看來，恰恰相反。滿頭白髮依然滿腔激情，這正是臺灣企業家的可貴之處。

再說社會責任感。反哺社會，是臺灣不少企業家的共識，他們認為自己的錢來自社會，應回歸社會，才會出現把九成身家捐給慈善事業的郭台銘、捐出啟動基金30億新臺幣設置科學獎唐獎的尹衍樑。臺灣是個相對均貧富的社會，老百姓仇富心理不明顯，這與企業家樂善好施分不開。

最後說說重商風氣。臺灣社會「官不聊生」，當官的時時被放在放大鏡下檢視、常被媒體修理得鼻青臉腫，反過來，創業者哪怕他只是做小吃類的也受到社會普遍尊重，作為正面形象上媒體頭條不在少數。所以，即使有「政府」熱情徵召，願意棄商從政的企業家微乎其微。大量人才聚集於企業界，臺灣的創意能力與競爭力排名世界靠前，就不奇怪了。

這些，在兩岸「同話」裡，值得大陸企業家「懂」。

九份

2015/12

這個因電影《悲情城市》而被現代人所熟知的山城，在清朝時期只有九戶人家，這些人家，不管哪家外出買東西時，都買九份。外人便稱這個小村落為「九份」。

中年陶藝師洪志雄並不是這九戶人家的後代，他的父輩也不是於日據時期蜂擁而來的那些淘金者中的一位。他是彰化人，十幾年前才隨哥哥來到九份定居。這些年來，他都躲在一間僻靜的屋子，默默地製陶。當我從人聲鼎沸的基山街，誤入這間陶滿屋的工坊時，孤身一人的洪志雄，從陶林中抬起頭來。他的眼神告訴我，我打斷了他在寂寞中的天馬行空，而這種寂寞正是他所陶醉的。

幸虧與我一起誤打誤撞的還有台大的邱榮舉教授，這位世界上首位客家學博導，對在地文化的熟稔，讓我們與洪志雄迅速聯結上了話題。洪志雄放下手中的陶，與我們聊起天來，一旁是不斷冒煙的燒水壺。

30多年前，洪志雄的哥哥洪志勝，還是位愛畫畫的高中生，他在跟隨老師到九份寫生時愛上了它。那時的九份是孤寂的，人們花了六、七十年的時光把它腹中的金子挖空後，撤走了。繁華散盡的九份撿回了淒美。洪志勝就是喜歡這種美。高中畢業後四處打工，洪志勝心頭念念不忘九份，有了點積蓄，便來到這個令自己魂牽夢繞之地，花了很少的錢買了一幢依山而建的樓。即便如此，九份人仍然覺得他得神經病了，「這地方鳥不拉屎的，在地人都要想方設法往外發展了，你這個外地人還進來買房。」洪志勝不理會，他在這樓裡開起了九份第一間茶館，取名「九份茶坊」。坐在茶坊裡泡茶，基隆港盡收眼底。當然，九份人不覺得這是什麼美景，因為他們天天看海，就像山裡人天天看山一樣，有啥好看？茶館的生意自然寥落，但洪志勝不以為然，他要的就是這份寥落。

《悲情城市》把海內外人潮都帶來了，九份茶坊也跟著熱鬧起來，不再只是泡茶、賣茶葉，還賣起了各種陶。而今，走進九份茶坊，迎面就是七、八隻大茶壺，茶壺底下，火炭日夜燒著，煙霧繚繞。有遊人覺得好玩，也想買一隻回家燒看看。店長實誠地勸道：「別，這不適合居家用，除非你也請人專門打掃炭灰。」原來，用木炭日夜燒水，是洪志勝的喜好，他喜歡在茶坊裡營造這等氛圍，為了這個喜好，他不惜請好幾個人每時每刻抹去在海風助力下隨處飛的炭灰。果然，茶坊裡，無論桌椅還是陶品，都是一塵不染的。

九份茶坊延伸出了「九份藝術坊」，對陶製品的需求量與日俱增，洪志勝對弟弟說：「你來製陶吧！」於是，十幾年前，洪志雄就聽從哥哥的建議開始學陶，並從彰化來到九份，九份藝術坊又延伸出了「九份陶藝坊」。洪志雄對哥哥說：「我只管做陶，其他不管」，於是，就經年累月地躲在了陶藝坊，日夜與陶摩挲。茶坊裡有位姑娘，九份本地人，小孩子時就聽說了洪志勝來買樓的「傻事」，長大後，她很敬佩這對兄弟的遠見，嫁給了洪志雄。她對製陶也很感興趣，自己開了家陶坊，因對貓無比喜愛，便燒了各種表情的貓陶。為什麼不開夫妻店呢？洪志雄說，距離才能永保藝術見解的獨立性。

洪志勝在30多年前買下這幢樓後始終不改原樣，樓還是那麼舊，台階還是那麼陡。我們從位於高處的基山街第一次走進這幢樓，其實這是它的頂層——九份茶坊；見我們流連忘返，店員提

醒，往下走還有東西看。我們從隱蔽於花草藤蔓間的樓梯走到二樓，便是九份藝術坊；走出藝術坊的後門，發現一段台階，往下走，誤入了九份陶藝坊，並與洪志雄相撞，才牽連出30幾年前的往事。洪志雄說，還沒完，你們繼續沿著山路走下去，到了街面，便能見到我太太開的陶坊，在到她陶坊前，別錯過「水心月茶坊」，那也是我哥開的。

當我們像快樂的尋寶人找到洪家的第五家店時，我回頭仰望九份山城，想起宮崎駿在動畫片《千與千尋》中寫的那句臺詞：「不管前方的路有多苦，只要走的方向正確，不管多麼崎嶇不平，都比站在原地更接近幸福。」

據說，《千與千尋》是以九份為原型的，宮崎駿腦子裡會蹦出這句台詞，是不是受到九份文創之路的啟發呢？

草地

2016/05

草地是一個微信號，也是一個人。當我進入「草地」，問他為什麼取了這樣的名字，他答：「做草挺好的，可以貼近大地。」

當他的回答伴著微微笑聲，從「草地」裡傳出時，我似乎聞到了粘著泥土的青草味。

草地出生於有山有水的福鼎，它擁有福建省諸多島嶼中離大陸最遠的臺山列島和紮在海中央卻芳草萋萋的大嵛山島，當然還有比上述兩座島嶼更有名的太姥山。無論是名山還是海島，我都曾在這些地方住過多日，很被這方水土之出色與奇絕所震撼。比如大嵛山島，它就是海上的一座山，周遭盡是懸崖峭壁，漁民的瓦屋就依著山勢，高高低低地掛在了崖壁，而深入島中央，竟如登上了山頂，放眼四周，皆是藍色綢緞般的海；收回目光，近處是綿延不絕的草地，如此望不到邊的草甸，讓人彷若置身於北方的草原。我不知道草地的取名，是不是與他家鄉的這個島嶼有關，但每回一說起草地，我的思緒便會不由自主地回到大崳山島，有股優雅、溫暖的氣息撲面而來。

35歲之前，草地都生活在福鼎。兒少時期，由於父親長年在外出差，母親成了對他影響最大的一個人。母親信佛，經常牽著當時年幼的他去寺廟拜拜，也經常教誨他做人要多行善。「持善心、築大業」這樣的理念實際上早早就植進了他幼小的心靈，這成了他日後選擇保險行業的主要因數，此後的20多年從業經歷裡，他一直把做保險當作行善之舉。他說，保險就是利用大家的力量，以最小的代價防範一生的風險，使人可以生，有所準備；老，有所養；病，有所醫；死，有所留；殘，有所靠。每當投保人合理地把風險通過保險轉給保險公司時，他就很欣慰，又做了一件善事！一生信佛行善的母親已經86歲了，這讓他更堅信，做善事，可以讓人健康、長壽。

在福鼎，少年的他讀過一本書，叫《摩沙迪》。這本以以色列特工為主角的書，今天在50歲的他看來，成為對其人生產生最大影響的書籍。「以色列的民族精神、團隊精神、抗爭精神都讓人非常感動與欣賞。」他也總是把取得的業績歸功於團隊，「我們的團隊特別團結，我們的夥伴特別可愛，我一天也捨不得離開他們。」他對團隊的組建與完善特別在意，並且堅信選擇比培養更重要，正如一個人如果不具備當特工的質地，怎麼使勁培養都是沒有用的。所以，近500個管理崗位的招聘，他一定都要親自面試。讀什麼書，小時候父母怎麼與你相處，都是他關心的問題，他也可能僅僅因為應聘者走進門來目光無處安放而拒對方於門外。而他對自己挑人的目光從來都是自信的，「好像沒有挑錯誰。」

千萬別誤會他是一個咄咄逼人的人。其實，他很溫和，彬彬有禮，任何時候與他見面，總能見到他的微笑。他講話的聲調，不曾抑揚頓挫，聽來如耳旁流過涓涓細流。但他的目光彷彿看到了你的心底，讓你坐在他面前，只能坦誠。難怪他癡迷圍棋，以靜制動、以柔克剛，不就是黑白對決中的制勝法寶嗎？

35歲那年，草地離開了福鼎，在此之前，他已經服務保險業11年。此後，他去過漳州和福州，2005年到了廈門。他就像一棵看起來柔弱而生命力無比頑強的小草，在哪兒都能紮根，在哪兒都能吐綠，在哪兒都能繁衍成茵茵草地。

當然，在業界，人們不叫他「草地」，他有響噹噹的頭銜和姓名——「平安人壽廈門分公司總經理宋顯勇」。2015年，廈壽平安總保費突破25億元人民幣，個人代理管道新單保費近7億，第三年獲評廈門保險金鼎獎和「金鼎•最受市民喜愛的壽險公司」。滿意嗎？他答：「很開心！」因為實現了母親所教誨的「持善心、築大業」。

草地有個習慣，每出差一個地方，總得擠出一天半天，四下逛逛，瞭解當地民俗風情生活。他五行中缺土，只有貼近生活、紮根泥土，生命才能枝繁葉茂。

代後記

對「史」的敏感貫穿著她的文學生涯 2017/08/12

安琪 著名詩人，詩作被譯成多種語言在世界傳播

「安琪雨中來。年月，2016·10·21」，這就是年月，連題贈也這麼有創意，信手一寫，天地人事，全有了。

於是記起那個颱風天，詩人張小雲開車帶我來到台海雜誌社的情景。在年月的辦公室我看到這本期待已久的《年月走寶島》。年月擔任台海雜誌社長、主編後因工作需要，時常走訪臺灣，行跡所至，有文為證，最終集結成這樣一部圖文並茂的臺灣旅遊寶典。

本書收入41篇臺灣紀行，每篇均由名片（景點簡介）、正

文、相關圖片、小貼士（景點輔助資料等）構成，周到而豐富。作者行蹤遍及台北、台中、台東、台南、高雄、屏東、南投、宜蘭諸縣市，這些地方也因此在她筆下留下痕跡。我跟著年月的筆觸走了一趟臺灣，彌補了迄今尚無去過寶島的遺憾。本來我對臺灣並不是很嚮往，私下認為臺灣人大都來自閩南（並且相當部分就來自我故鄉漳州），語言相通，民俗相同，想來各方面與閩南無異，景點的陌生感不會那麼強。但年月此書卻勾起了我想去臺灣一遊的心念，想去觀賞長途大巴從臺灣南部至北部沿著太平洋走的壯烈景象，想去體驗懸崖峭壁中人力鑿就的蘇花公路，想去朝拜中西合璧建築的中台禪寺，想去感受離島蘭嶼的原始氣息……好的旅遊文字就是這樣，讓一個個景點在讀者心中活了起來，激發讀者「到彼一遊」的衝動。年月的文字兼顧景點的描述與自我的情緒，她不是乾巴巴地推介，而是把自己鮮活生動的內心也放到景點中，打動你的恰好是這個鮮活生動。

年月和我同為漳州師院校友，我是中文系，她是歷史系。對「史」的敏感貫穿著年月的文學生涯，當她還在家鄉中學任教時，她就對電影《龍江頌》為何會產自她的家鄉漳州龍海縣，以及《龍江頌》之後的人物原型走向等等生發了興趣，調到龍海市委宣傳部後，對龍江頌的探索更一發不可收拾，先後在時任龍海市委宣傳部長李明清、時任龍海市長楊溪峰的大力支持下，年月越走越深，並最終以《龍江人尋找龍江頌》一書給出了答案。我想在當年八個樣板戲裡，也只有《龍江頌》享有這樣的待遇，因為它遇到了一個對歷史有執著探尋意願並且有文字表現力的故鄉人——年月。

2001年10月，利用十月假期黃金周時間，我約年月和我一起到北京考察是否北漂，這段經歷在年月寫我的文章中有過描述。此後我們的人生軌道分叉成兩個方向，我離開體制北漂，她從漳州調動到廈門日報，在更高的體制平臺上施展她的天賦之才。那段時間，年月經常到北京出差，我也有多次去她下榻的賓館跟她同吃同住的經歷。記憶最深的是每個清晨醒來就看到年月在電腦前敲打稿件的背影，報紙講究實效，一刻也拖不得。有一次和年月聊天，從蘇東坡「書到今生讀已遲」說到我們的很多知識和才華都是前生帶來的，我們今生的讀書為的不僅是今世，也為的來世。然後我問年月，你對新聞的熱愛、你沒有正規學過新聞專業卻能出手一篇又一篇重頭新聞稿，是不是也有來自前生的感覺？年月很肯定地點了點頭。這一幕一直印在我心裡，大約是2008年在北京的某個餐館發生的事。

年月是我交往的閨蜜級女友裡身心最健康的一個，她總是興致勃勃，對生活充滿激情和愛戴，她智商和情商都很高，能把工作與生活打點得不慌不亂並且互相成就，最重要的，她對每個朋友都充滿愛心，總是把朋友的困難放在心上盡心盡力為朋友解困。作為年月的朋友是幸運的，他們被年月的光芒眷顧著，從黑暗走到了亮處。我已親見多起。

上天會給年月更多的恩澤因為她會把恩澤施加於人，祝福你，年月！

台海年月：情牽兩岸民眾往來紀事

作　　者——年　月
攝　　影——黃子明
主　　編——王瑤君
美術設計——陳恩安
製作總監——蘇清霖
董 事 長
總 經 理——趙政岷
出 版 者——時報文化出版企業股份有限公司
10803台北市和平西路三段二四〇號七樓
發行專線—(02)2306-6842
讀者服務專線—0800-231-705
(02)2304-7103
讀者服務傳真—(02)2304-6858
郵撥—1934-4724時報文化出版公司
信箱—台北郵政79~99信箱

時報悅讀網——http://www.readingtimes.com.tw
法律顧問——理律法律事務所 陳長文律師、李念祖律師
印　　刷——華展印刷有限公司
初版一刷——二〇一七年十月十三日
定　　價——新台幣三百八十元

行政院新聞局局版北市業字第80號
（缺頁或破損的書，請寄回更換）

時報文化出版公司成立於一九七五年，
並於一九九九年股票上櫃公開發行，於二〇〇八年脫離中時集團非屬旺中，
以「尊重智慧與創意的文化事業」為信念。

國家圖書館出版品預行編目 (CIP) 資料

台海年月 : 情牽兩岸民眾往來紀事 / 年月著 . -- 初版 . -- 臺北市 : 時報文化 , 2017.10
352 面 ; 14.8x21 公分
ISBN 978-957-13-7156-6(平裝)

1. 兩岸關係 2. 兩岸交流 3. 文集

573.09　　106016673